就職・留学に役立つ
韓国語ワークブック

調べる・考える・発表する

朴貞蘭

HAKUEISHA

はじめに

　皆さんは、どのようなきっかけで韓国語を勉強したいと思うようになりましたか？筆者が住んでいる九州には、物理的な距離が近いこともあり、韓国から多くの観光客が訪れます。とりわけ大分県は、温泉・オルレ・ジオパークなどの自然・地形文化の魅力があふれる地域として、多くの韓国人が訪れ、韓流ブームの前から駅や町には「ハングル」表記が目立っていました。そのためか、この地域には「趣味で韓国語が学びたい」という人だけではなく、「将来の進路に韓国語を活かしたい」人が多いのです。韓国語を用いて、好きなKカルチャーに触れたい、日本に来る韓国の人々に自分の町や地域の良さを伝え、日韓の架け橋となる仕事に就きたい、本書は、そんな学生のニーズに応えるための教材を集めた特色のあるテキストです。大学における外国語学習期間において達成できるレベルに合わせて作られており、就職・留学にも役立つワークブックとなっています。

　本書は、第1部〜第3部の構成ですが、それぞれクラスの状況に応じて、アレンジしながら使用することができます。各課では、まず「語彙・表現」を参照しながら、本文の内容を学習します。「調査する・考える・発表する」では、各テーマに合わせた課題が設定されていますが、学習者が自主的に調べ、クラスのメンバーと話し合うことができます。最終的には、学習者（同士）がまとめた内容をプレゼンテーションできるようになることを目指します。

　第1部の「観光韓国語：地域調査と地域紹介」では、韓国のソウル特別市、釜山広域市、済州特別自治道、済州オルレにおける観光、文化や、日本の大分県における温泉・地形などの自然文化、歴史を題材に、調査の方法を学びます。それぞれの学習者が住んでいる地域（地元）に合わせて、本書で紹介したテーマや手順に沿っていけば、地域調査と紹介の練習ができるようになっています。また「温泉・地形・文化の案内シート」は、地域調査を行う際のアクティブ・ラーニング教材としても有効です。

　第2部の「進路韓国語：自己紹介と進路準備」では、自己紹介の事前準備としてのMBTIや学科・専攻の調査、日韓両国の就職活動に欠かせない履歴書の作成、面接時の注意事項、留学時の提出書類の作成など、様々な進路における韓国語表現が学習できます。課題によっては、指導者による添削などのサポートが必要と思われます。また「進路関連のシート」の他、課外活動がまとめられるシートも用意されており、韓国語によるポートフォリオが作成できます。ここで取り上げた履歴書、進路シートなどは各大学における「進路の手引」に合わせてアレンジしてご使用ください。

第3部の「付録」では、「慣用句・ことわざ」や「ディスカッションで使う表現」の他、最近流行している「造語・略語」が付されており、実践的で、豊かな韓国語表現を学習することができます。

　このように本書は、文法中心の従来の教科書とは異なる構成となっています。趣味のレベルを超え、就職・留学準備に活用できる中上級レベルを目指す学生は、ぜひこのワークブックを活用してみてください。

　最後になりますが、本書の出版を快く引き受けてくださった博英社の中嶋啓太代表取締役、そして細かい校正作業の中で最後までご丁寧にご確認いただいた김선경編集委員や編集部の方々に心から感謝申し上げます。また、本書の原稿を読んでいただき、貴重なコメントをしてくださった하뉴 미호코先生と사랑하는 가족にも深く感謝いたします。

　なお本書は、大分県立芸術文化短期大学における「令和5年度研究費特別枠」（研究テーマ：「短期大学の韓国語教育における「学習動機」要因に関する研究—学習者の「進路」という観点から」）の出版助成を受け、刊行しました。大学関係者の皆様と進路関連の資料をご提供いただいた進路支援室の皆様にも謝意を表したいと思います。

2023 年 4 月

朴　貞蘭

목차

인사말 2

제1부 • 관광 한국어 : 지역 조사와 지역 소개 7

  1 서울특별시 10

  2 부산광역시 15

  3 제주특별자치도 19

  4 올레① 제주올레 23

  5 오이타현① 일본 제일의 온천현 오이타 26

  6 오이타현② 오이타 지오파크 40

  7 올레② 규슈올레 50

제2부 • 진로 한국어 : 자기소개와 진로 준비 55

  8 자기소개① MBTI 58

  9 자기소개② 학과·전공 64

  10 한국의 이력서·자기소개서 70

  11 한국 기업의 면접 76

  12 편입학 유학 준비 85

  13 한국어학연수 94

  14 진로관련 97

  15 학외활동 112

제3부 • 부록 125

  1 관용표현·속담 126

  2 토론할 때 사용하는 표현 130

  3 신조어·줄임말 132

「더 알아보기」 및 「조사하기·생각하기·발표하기」 일본어 번역문 135

  어휘 리스트 156

  참고문헌 176

はじめに 2

第1部・観光韓国語：地域調査と地域紹介 7

　1　ソウル特別市 10

　2　釜山広域市 15

　3　済州特別自治道 19

　4　オルレ①　済州オルレ 23

　5　大分県①　日本一おんせん県おおいた 26

　6　大分県②　おおいたジオパーク 40

　7　オルレ②　九州オルレ 50

第2部・進路韓国語：自己紹介と進路準備 55

　8　自己紹介①　MBTI 58

　9　自己紹介②　学科・専攻 64

　10　韓国の履歴書・自己紹介書 70

　11　韓国企業の面接 76

　12　編入学留学準備 85

　13　韓国語学実習 94

　14　進路関連 97

　15　課外活動 112

第3部・付録 125

　1　慣用句・ことわざ 126

　2　ディスカッションで使う表現 130

　3　造語・略語 132

「さらに調べる」及び「調査する・考える・発表する」日本語訳 135

　語彙リスト 156

　参考文献 176

音声ファイルは、
QR コードをスキャンするとご確認いただけます。

제1부

관광 한국어

지역 조사와 지역 소개

1 서울특별시

2 부산광역시

3 제주특별자치도

4 올레① 제주올레

5 오이타현① 일본 제일의 온천현 오이타

6 오이타현② 오이타 지오파크

7 올레② 규슈올레

1 서울특별시

 1-1

　한국의 수도는 서울특별시입니다. 서울특별시 중앙에는 큰 강이 흐르는데 그 강의 이름이 한강입니다. 한강을 중심으로 북쪽은 강북, 남쪽을 강남이라고 부릅니다. 서울특별시는 25개의 구(종로, 중, 용산, 성동, 광진, 동대문, 중랑, 성북, 강북, 도봉, 노원, 은평, 서대문, 마포, 양천, 강서, 구로, 금천, 영등포, 동작, 관악, 서초, 강남, 송파, 강동)와 424개의 동으로 나누어져 있습니다.

　500년간 조선의 수도였던 서울에는 소중한 문화유산이 풍부합니다. 조선 역사의 중요 무대였던 경복궁, 덕수궁, 창덕궁, 창경궁, 경희궁의 5대 궁궐은 뛰어난 건축미를 자랑하고, 종묘, 조선왕릉 등 세계유산에서도 서울의 가치와 역사를 느낄 수 있습니다. 또한 국제도시답게 다양한 모습의 문화 공간도 가득하며, 오랜 역사의 남대문시장과 동대문시장, 전통문화 거리인 인사동, 관광객을 위한 쇼핑거리 명동은 서로 다른 매력을 가지고 있습니다. 그리고 남산 서울타워, 스카이 서울, 월드컵 경기장, 코엑스, 동대문 디자인 플라자 등은 서울을 대표하는 현대적인 건축물로서 시민과 관광객이 많이 찾는 곳이기도 합니다.

　그럼 지금부터 전통과 현대가 어우러진 서울에 대해서 조사해 보고 나만의 서울 관광 안내지를 만들어 봅시다.

조사하기 · 생각하기 · 발표하기

1 서울특별시 관련 홈페이지를 참조해서 관련 데이터와 정보를 조사해 봅시다.

서울특별시

https://www.seoul.go.kr/main/index.jsp

서울관광재단

https://www.sto.or.kr/index

Visit Seoul net

https://korean.visitseoul.net/index

서울 가이드 북 · 지도
https://korean.visitseoul.net/map-guide-book

서울도보해설관광
https://korean.visitseoul.net/walking-tour

서울특별시 정보소통광장
https://opengov.seoul.go.kr/#page1

서울연구데이터베이스
https://data.si.re.kr/data

서울 2022 VISIT SEOUL 59초 영상 공모전
https://korean.visitseoul.net/event/2022-VISITSEOUL-59%EC%B4%88-
%EC%98%81%EC%83%81-%EA%B3%B5%EB%AA%A8%EC%A0%84_/41246

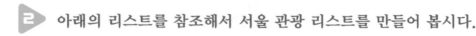 아래의 리스트를 참조해서 서울 관광 리스트를 만들어 봅시다.

☐ 청와대 사랑채에서 청와대 신문 만들어 보기
☐ 인사동 김치 박물관에서 김장 체험하기
☐ 홍대에서 버스킹 구경하기
☐ 서울에서 가장 높은 서울 스카이 전망대에서 서울의 360도 뷰 감상하기
☐ 드라마 배경이었던 서울 식물원에서 나만의 힐링 사진 찍어보기
☐ 따릉이 타고 한강 시민공원에 놀러가기
☐ 한국 전통의상인 한복을 입고 경복궁과 한옥마을 둘러보기
☐ 서울 시티투어버스 타고 주요 관광지를 돌아보며 사진찍기

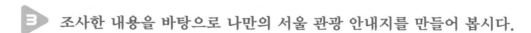 조사한 내용을 바탕으로 나만의 서울 관광 안내지를 만들어 봅시다.

① 주제 정하기
안내지의 주제를 정해 봅시다. 예를 들어 문화유산 코스, 산책 코스, 체험 코스 등
구체적인 주제를 정합니다.

② 장소 정하기
주제를 정했다면 그 주제에 해당하는 구체적인 장소를 생각해 봅시다.

③ 사진 모으기

소개하고 싶은 장소를 직접 찾아가 사진을 찍거나, 찾아가기 힘든 경우는 인터넷이나
신문, 잡지 등에서 원하는 사진을 찾아 봅시다.

④ 정보를 찾기

각 장소에 관한 정보가 있으면 안내하기 편합니다. 책이나 인터넷에서 알게 된 정보나,
직접 방문했던 경험 등의 정보를 찾아서 정리해 봅시다.

⑤ 안내지 만들기

파워포인트를 이용해서 주제와 장소 등의 정보 내용과 미리 수집해 둔 사진 정보를 정리
해 안내지를 만들어 봅시다. 만든 안내지를 가지고 친구들에게 서울을 소개해 봅시다.

 어휘 · 표현

수도　首都	어우러지다　調和する、相まって	체험 코스　体験コース
중앙　中央	리스트　リスト	구체적　具体的
한강을 중심으로　漢江を中心に	참조　参照	장소　場所
조선　朝鮮	전망대　展望台	에 해당하다　に該当する
문화유산　文化遺産	감상　鑑賞	모으다　集める
무대　舞台	식물원　植物園	소개하고 싶다　紹介したい
자랑하다　誇る	시민공원　市民公園	안내하기 편하다　案内しやすい
가치　価値	관광지를 돌아보다　観光地を	파워포인트　パワーポイント
국제도시　国際都市	巡る	이용하다　利用する
문화 공간　文化空間	을/를 바탕으로　に基づいて	미리 수집하다　事前に収集する
전통문화 거리　伝統文化の街	주제　主題	정리하다　まとめる、整理する
관광객　観光客	예를 들어　たとえば	
매력　魅力	산책 코스　散策コース	

광화문

경복궁 자경전 십장생 굴뚝 문양

本文の日本語訳

　韓国の首都は、ソウル特別市です。ソウル特別市の中央には大きな川が流れていますが、その川の名前が漢江です。漢江を中心に、北側は江北、南側を江南といいます。ソウル特別市は、25の区（鍾路、中、龍山、城東、広津、東大門、中浪、城北、江北、道峰、蘆原、恩平、西大門、麻浦、陽川、江西、九老、衿川、永登浦、銅雀、冠岳、瑞草、江南、松坡、江東）と424の洞に分けられています。

　500年に渡って朝鮮王朝の首都であったソウルには、重要な文化遺産も豊富です。朝鮮王朝の歴史の舞台だった景福宮、徳寿宮、昌徳宮、昌慶宮、慶熙宮の5大王宮は、優れた建築美を持ち、宗廟、朝鮮王陵などの世界遺産からもソウルの価値と歴史が感じられます。また、国際都市にふさわしい様々な文化空間も多く、歴史のある南大門市場と東大門市場、伝統文化の街である仁寺洞、観光客のためのショッピング街の明洞は、それぞれ異なる魅力を持っています。そして、南山のソウルタワー、スカイソウル、ワールドカップ競技場、COEX、東大門デザインプラザなどは、ソウルを代表する現代的な建築物として、市民や観光客が多く訪ねるところでもあります。

　それでは、これから伝統と現在が調和されているソウルについて調べて、自分だけのソウル観光案内シートを作成してみましょう。

남산타워

COEX

한강

동대문 디자인 플라자

부산광역시

부산광역시는 대한민국 제2의 도시(인구 약 340만 명: 2021년 기준, 면적 770.2㎢)로, 무역도시로서는 한국 최대의 규모입니다. 1876년 한국 최초의 국제 항구인 부산항 개항 이후, 물류 허브로서 발전해 왔습니다.

2005년에는 APEC을 개최하고, 부산국제영화제, 바다 축제, 불꽃놀이 대회 등 전국적으로도 유명한 축제가 매년 개최되고 있습니다. 또한 아시아 최대 규모의 복합문화공간을 자랑하는 백화점과 피서지로서도 유명한 해운대, 수영만 요트 경기장 등의 명소가 다수 존재하는 관광 도시입니다.

지리적으로는 한국 최남단에 위치하고 있으며, 한국전쟁 당시 한반도 북쪽에서 내려온 피난민이 산기슭에 마을을 만들기도 하는 등 임시 정부 수도로서의 기능을 가졌던 역사적 도시이기도 합니다.

부산광역시

더 알아보기

 2-2

#부산국제영화제(Busan International Film Festival)

'작지만 권위있는 영화제'를 만들고자 하는 마음으로 1996년 9월 13일, 첫 개막식을 개최했습니다. 서울도 아닌 부산에서 '국제 영화제'를 개최하는 것에 대한 많은 우려 섞인 시선들 속에 한국 최초의 국제 영화제가 첫걸음을 내딛었습니다. 첫 회에는 31개국에서 169편의 작품을 초청했으며 총 6개관에서 상영을 진행했습니다.

한국 최초의 국제영화제에서 이제는 명실상부 한국 최대의 국제 영화제로 성장한 부산국제영화제는 아시아뿐 아니라 세계의 많은 영화인들과 관객이 사랑하는 영화 축제가 되었습니다. 이제는 70~80여 개국에서 300여 편이 초청되고 6개로 시작한 상영관은 현재 최대 37개관까지 늘어났으며, 2022년에는 총 353편의 영화가 상영되었습니다(공식 초청작 71개국 242편, 커뮤니티비프 상영작 111편). 2011년 개관한 부산국제영화제 전용관 '영화의 전당'은 부산의 랜드마크로 자리 잡았습니다.

 # 조사하기 · 생각하기 · 발표하기

 1 **부산광역시 관련 홈페이지를 참조해서 관련 데이터와 정보를 조사해 봅시다.**

부산광역시

https://www.busan.go.kr/index

부산관광공사

https://www.bto.or.kr/kor/Main.do

VISIT BUSAN

https://www.visitbusan.net/kr/index.do

부산관광공사 부산시티투어

http://citytourbusan.com/ko/00main/main.php

부산 문화시설

https://www.bscc.or.kr/intro/

부산 갈맷길

https://www.busan.go.kr/galmaetgil/index

 아래의 장소에 대해서 조사하고 그 역사적 · 문화적 의미를 알아봅시다.

- □ 조선통신사역사관
- □ 감천문화마을 · 아미동 비석문화마을
- □ 국제시장 · 부평깡통시장 · 자갈치시장
- □ 영화의 전당
- □ 동백섬 · 누리마루 APEC 하우스
- □ 재한유엔기념공원
- □ 범어사
- □ 황령산 전망대

 조사한 내용을 바탕으로 나만의 부산 관광 안내지를 만들어 봅시다.
안내지를 만드는 순서는 서울특별시 페이지를 참조하세요.

 어휘 · 표현

인구　人口	복합문화공간　複合文化空間	내딛다　踏み出す
면적　面積	피서지　避暑地	작품　作品
무역도시　貿易都市	요트 경기장　ヨット競技場	초청하다　招聘する
한국 최대　韓国最大	명소　名所	상영하다　上映する
규모　規模	지리적　地理的	명실상부　名実ともに
최초　最初	최남단　最南端	성장하다　成長する
국제 항구　国際港	한국전쟁　韓国戦争、朝鮮戦争	관객　観客
개항　開港	피난민　避難民	영화 축제　映画の祝祭
이후　以降、以後	산기슭　山の麓	상영관　上映館
물류　物流	임시 정부　臨時政府	전용관　専用館
허브　ハーブ	권위　権威	영화의 전당　映画の殿堂
바다 축제　海祭り	개막식　開幕式	랜드마크　ランドマーク
불꽃놀이 대회　花火大会	우려　懸念	자리잡다　位置づけられる
전국적　全国的	첫걸음　第一歩	

釜山広域市は、大韓民国の第2の都市（人口約340万人（2021年基準）、面積770.2㎢）であり、貿易都市としては韓国最大です。1876年、韓国初の国際港である釜山港の開港以降、物流のハブとして発展してきました。

　2005年にはAPECが開催され、釜山国際映画祭、海祭り、花火大会など全国的にも有名な祭りが毎年開催されています。また、アジア最大規模の複合文化空間を誇る百貨店や、避暑地としても有名な海雲台、水営湾ヨット競技場などの名所が多数存在する観光都市です。

　地理的には韓国最南端に位置しており、朝鮮戦争当時は、朝鮮半島北部からの避難民が山麓に村を設置し、臨時政府の首都としての機能も果たした歴史的な都市でもあります。

조선통신역사관

Busan International Film Festival

감천문화마을

국제시장

3 제주특별자치도

 3-1

　제주도는 한반도 남쪽 바다에 위치한 섬으로 행정 구역상으로는 제주특별자치도에 속합니다. 바람, 돌, 여자가 많다고 해서 '삼다도'라고도 불려집니다. '삼다도'라는 이름 속에는 자연환경을 지혜롭고 억척스럽게 극복해 온 제주 사람들의 삶의 역사가 담겨 있습니다.

　또한 긴 세월 동안 몇 번의 화산 활동을 거쳐 만들어진 화산섬으로도 유명합니다. 독특한 화산 지형과 생물의 다양성을 인정받아, 화산섬과 용암동굴 전체가 유네스코 세계유산에 등재되기도 했습니다. 한국에서 제일 높은 산인 한라산의 화산 활동으로 생성된 약 360개의 오름(기생화산)과 트레킹 코스인 제주올레는 제주 자연의 깊이를 느끼게 합니다.

　천혜의 자연뿐만 아니라 박물관·미술관과 같은 문화시설, 테마파크 등 관광 시설도 많은 한국 제일의 리조트 섬 제주도를 꼭 한번 방문해 보세요.

 ## 더 알아보기

 3-2

#제주 4·3 사건

제주도는 한국 현대사의 큰 비극으로 꼽히는 4·3사건(1948년)이 일어난 곳이기도 합니다. 수만 명의 인명이 희생되었고, 130여 개의 마을이 초토화되는 등, 섬 구석구석까지 4·3유적지가 아닌 곳이 드물다고 합니다. 이제 제주도는 관광의 섬, 세계 평화의 섬으로 거듭 태어나게 되었습니다. '진정한 평화'를 체험하려면 평화를 찾기까지 제주가 겪었던 비극과 수난의 시대를 알아야 합니다. 제주 4·3사건을 되돌아 보고, 평화와 인권을 위한 교육의 장으로 활용하기 위해 조성된 4·3평화공원에 대해 알아봅시다.

#제주 생활방언

제주 생활방언	표준어 의미	일본어 의미
사룸 있수과?	사람 있습니까? 안녕하십니까?	ごめんください。 こんにちは。
어디 갔단 왐수과?	어디 갔다 오십니까?	どこに行ってから来ましたか。
어드레 감디?	어디로 가느냐?	どこにいくの？
혼저 옵서.	어서 오십시오.	ようこそ。いらっしゃいませ。
무싱거 하미꽈?	무엇을 하십니까?	何をしていますか。
도르멍 옵서.	빨리 오십시오.	早く来てください。
호꼼 미안하우다.	좀 실례합니다.	お邪魔します。失礼します。
멩심허영 갔당 옵서.	조심해서 갔다 오십시오.	お気をつけていってらっしゃい。
으마떵 호리.	이런, 어떻게 하나.	あら、どうしよう。
어서 글라.	어서 가자.	早く行こう。
호꼼 있당 와 줍서.	조금 있다가 와 주십시오.	少し待ってから、来てください。

조사하기 · 생각하기 · 발표하기

 1 제주도 관련 홈페이지를 참조해서 관련 데이터와 정보를 조사해 봅시다.

제주관광공사

https://ijto.or.kr/korean/

VISIT JEJU

https://www.visitjeju.net/kr

제주 안내책자 관광지도 E-BOOK

https://www.visitjeju.net/kr/bbs/list?bbsid=tripperCenter-book&menuld=DOM_000001724002000000

제주문화예술재단

http://www.jfac.kr/

제주도의 생활방언

http://www.jeju.go.kr/culture/dialect/lifeDialect.htm

2 아래의 장소에 대해서 조사하고 그 역사적·문화적·지리적 의미를 알아봅시다.

☐ 삼다도
☐ 한라산 백록담
☐ 거문오름
☐ 성읍민속마을
☐ 이중섭 거리
☐ 4·3 평화공원·평화기념관

3 제주도 방언에 대해서 더 알아봅시다.

4 제주도 명물에 대해서 알아봅시다.

☐ 흑돼지
☐ 고기국수
☐ 한라봉
☐ 오메기떡
☐ 옥돔구이
☐ 갈치조림

5 조사한 내용을 바탕으로 나만의 제주도 관광 안내지를 만들어 봅시다.
안내지를 만드는 순서는 서울특별시 페이지를 참조하세요.

어휘・표현

남쪽　南側	화산 활동　火山活動	일어나다　起きる
위치하다　位置する	지형　地形	희생하다　犠牲になる
섬　島	생물　生物	초토화　焦土化
행정 구역　行政区域	다양성　多様性	구석구석　津々浦々
에 속하다　に属する	용암동굴　溶岩洞窟	유적지　遺跡地
바람　風	유네스코　ユネスコ	드물다　珍しい、稀だ
돌　石	세계유산　世界遺産	평화의 섬　平和の島
여자　女子、女性	등재되다　登録される	다시 태어나다　生まれ変わる
자연환경　自然環境	박물관　博物館	수난　受難
지혜롭다　知恵がある、賢い	미술관　美術館	되돌아보다　振り返る
억척스럽다　がむしゃらだ	테마파크　テーマパーク	인권　人権
극복하다　克服する	관광 시설　観光施設	교육의 장　教育の場
삶　人生、生活、ライフ	한국 현대사　韓国現代史	활용하다　活用する
세월　年月	비극　悲劇	

本文の日本語訳

　済州島は、朝鮮半島の南の海に位置した島で、行政区域としては「済州特別自治道」に属します。風、石、女が多いとして「三多島」とも呼ばれます。「三多島」という名称の中からは、自然環境を賢くがむしゃらに克服してきた済州の人々の生活の歴史がうかがえます。

　また、長い年月をかけ、数回の火山活動を経て形成された火山島としても有名です。独特の火山地形と生物の多様性が認められ、火山島と溶岩洞窟全体がユネスコ世界遺産に登録されました。韓国でもっとも高い山である漢拏山の火山活動で生成された約360あるオルム（寄生火山）とワーキングコースの済州オルレには、済州の自然が深く感じられます。

　天恵の自然だけでなく、博物館・美術館のような文化施設、テーマパークなどの観光施設も多い、韓国一のリゾート地である済州島へ一度訪ねてみてください。

4 올레① 제주올레

 4-1

　　여러분, 올레라는 말을 들어본 적이 있습니까? 최근 일본에서는 미야기 올레도 탄생했는데요, 여러분이 알고 있는 규슈지역의 올레는 한국의 제주 올레를 벤치마킹한 것으로, 규슈올레와 미야기올레는 제주올레의 자매판이 라고 불려지고 있습니다. 그럼 먼저 제주올레에 대해서 알아볼까요?

　　올레란, 골목길, 산길, 해안길, 오름 등을 연결해서 섬 전체를 일주할 수 있도록 만든 워킹 코스를 말합니다. 해안을 일주하는 21개의 코스와, 가까운 섬을 걷는 5개의 코스가 있습니다. 또한 바다, 숲, 오름, 목장 등 멋진 풍경뿐만 아니라, 섬 주민과 만날 수 있는 마을, 전통 시장으로 연결 된 코스도 있습니다. 올레는 큰길에서 대문까지 집으로 통하는 좁은 골목 길을 의미하는 제주도의 방언으로, 제주 사람이 태어나서 세상에 나가기 위해서 걷는 첫 길을 상징하기도 합니다.

　　자연과 문화, 역사를 오감으로 느끼고 체험할 수 있는 특별한 트레킹 코스인 제주올레를 여러분도 꼭 체험해 보시길 바랍니다.

 ## 더 알아보기

#제주올레 안내표지

- ☐ 간세
- ☐ 리본
- ☐ 화살표
- ☐ 플레이트
- ☐ 시작점 표지석
- ☐ 휠체어 구간
- ☐ 스탬프 간세

어휘·표현

벤치마킹 ベンチマーキング	일주 一周	상징 象徴
자매판 姉妹版	워킹 코스 ワーキングコース	역사 歴史
골목길 路地	숲 森	오감 五感
산길 山道	목장 牧場	특별한 特別な
해안길 海岸道	풍경 風景	트레킹 トレッキング
오름 オルム	전통 시장 伝統市場	
연결하다 つなげる	대문 大門	

조사하기 · 생각하기 · 발표하기

1 올레란 무슨 뜻인가요?

2 제주올레의 안내표지와 참가시 필요한 준비물이 무엇인지 조사해 봅시다.

제주 올레길

みなさん、「オルレ」という言葉を聞いたことがありますか。最近、日本では宮城オルレも誕生しましたが、みなさんも見覚えがある九州地域のオルレは、韓国の済州オルレをベンチマーキングしたもので、九州オルレと宮城オルレは、済州オルレの姉妹版とも言われています。それでは、まずは済州オルレについて、調べてみましょう。

　オルレとは、路地、山道、海岸道、オルム(寄生火山)などをつないで島全体を一周できるようにしたウォーキングコースをいいます。海岸を一周する21のコース、隣接している島を歩く5つのコースがあります。また、海、森、オルム、牧場などの素晴らしい風景だけではなく、地元住民に会える村や伝統市場につながるコースもあります。「オルレ」は、通りから門までの家に通じる狭い路地を意味する済州島の方言で、済州の人が生まれて世の中に出ていくために歩く最初の道を象徴しています。

　自然と文化、歴史を五感で感じ、体験できる特別なトレッキングコースである済州オルレをみなさんもぜひ体験してみてください。

5 오이타현① 일본 제일의 온천현 오이타

 5-1

　　일본 규슈에 위치한 오이타현은 '일본 제일의 온천현 오이타'로 불려질 정도로 온천으로 아주 유명한 관광 지역입니다. 오이타현을 '일본 제일의 온천현'이라고 부르는 이유는 무엇일까요? 아래의 자료를 통해서 자세히 알아봅시다.

1 원천수 · 용출량 일본 1위

오이타현은 온천의 원천수와 용출량이 전국 1위를 자랑합니다.
· 원천수 : 1위 오이타현 (5,102), 2위 가고시마현 (2,751) , 3위 홋카이도 (2,215)
· 용출량 : 1위 오이타현 (298,416), 2위 홋카이도 (197,557), 3위 가고시마현 (174,500)
※ 용출량(L/분), 출처 : 일본 환경성 홈페이지 (2020년 온천 이용 상황)

2 온천 수질의 종류가 많다!

오이타현에서는 전체 10종 중, 8종류가 있습니다.
오이타현의 온천 수질 종류 : 단순 온천, 염화물천, 탄산수소염천, 유산염천, 이산화탄소천,
　　　　　　　　　　　　　　함철천, 산성천, 유황천

3 마셔도 효능이 있는 오이타의 온천물

온천 요양법 중에는 온천물을 마시는 '음용'이라는 것이 있습니다. 음용 온천 요양의 효능을 기대할 수 있는 증상은 온천 수질에 따라 위장 기능계, 대사 기능계, 조혈 기능계 세가지 증상입니다. 오이타현에는 음용 허가를 받은 공공 이용 온천(음용천)이 140여 개가 있습니다.
※ '온천현 오이타 음용 온천 스팟30 조사'(공익 사단법인 오이타현 약사회 발행)

전국적으로도 진기한 고농도 탄산천

나가유 온천에는 전국 약 3,100개 온천지 중에 0.6%밖에 존재하지 않는 '탄산천(이산화탄소천)'이 있습니다. 탄산가스가 녹아 있는 온천은 혈액 순환을 촉진하고 미백 효과가 있어서 여성에게 인기가 많습니다.

 도지 문화

오이타현에는 온천 지역에 장기 체류를 하면서 요양하는 '도지 문화'라는 것이 있습니다. 벳푸시에 있는 간나와 온천에서는 자취도 가능한 숙박 시설이 있습니다. 또 다케타시에서는 온천을 즐기면서 건강해지는 '다케타식 도지'를 이용할 수 있습니다.

 오이타현 온천 지역

① 벳푸만 지역 : 벳푸시, 오이타시, 히지마치
② 우사 · 구니사키 반도 지역 : 기츠키시, 구니사키시, 우사시, 분고타카다시, 히메시마무라
③ 히타 · 야바 지역 : 나카츠시, 히타시, 구스마치
④ 야마나미 지역 : 유후시, 고코노에마치
⑤ 오쿠분고 지역 : 다케타시, 분고오노시
⑥ 닛포 해안 지역 : 우스키시, 츠쿠미시, 사이키시

 더 알아보기

 5-2

#온천이란

온천법에 따르면 '온천'이란 지중에서 용출하는 온수, 광수 및 수증기 그 외 가스 (탄산수소를 주성분으로 하는 천연가스는 제외)를 말하는데, 온도가 25도 이상으로, 총유황, 총철이온, 유리이산화탄소 등 19종류 중 어느 한가지를 일정 성분 이상으로 포함하고 있어야 합니다. 또한 온천 중에서 특히 치료에 도움이 되는 것을 요양천이라고 합니다.

#온천의 특징

오이타현에는 그 중심부를 북동에서 남서로 달리는 벳푸–시마겐이라는 대지의 경계선을 따라서 새로운 화산이 많이 있습니다.

오이타현 온천의 대부분은 화산성 온천으로, 이러한 화산 주변에 집중되어 있습니다. 북동부의 츠루미다케와 유후다케 주변으로 벳푸 온천, 유후인 온천, 츠카하라 온천, 유노히라 온천이 있고, 남서부 구주 화산군 주변에는 스지유 온천, 가와조코 온천, 호센지 온천, 시치리다 온천, 나가유 온천, 우케노구치 온천, 아카가와 온천 등이 있습니다.

【온천의 수】 오이타현 온천의 수는 5,102개로 전국 1위이며, 전국 27,969개 중 약 18.2%를 차지하고 있습니다.

【용출량】 오이타현 온천의 용출양은 1분당 298,416리터로 전국 1위이며, 전국의 용출량인 1분당 2,534,089리터의 약 11.8%입니다.

【이용시설수】 온천 이용이 가능한 공중 목욕탕수는 396개, 숙박 시설수는 849개입니다.

【이용자수】 연간 숙박 이용 인원수는 약 333만 명입니다.

(2021년 3월말 기준)

 온천할 때의 에티켓

1. 수영복이나 속옷을 착용한 채로 입욕하지 않는다.

2. 욕탕에 다이빙하듯이 뛰어들지 않는다. 천천히 들어간다.

3. 아이를 잘 지켜본다.

4. 자리를 독점하지 않는다.

5. 수건이나 머리카락이 욕탕물에 닿지 않게 한다.

6. 머리염색이나 빨래를 하지 않는다.

7. 카메라나 핸드폰을 들고 들어가지 않고, 촬영도 하지 않는다.

8. 주변사람에게 물이 튀지 않게 주의한다.

| 일본 제일의 온천현 오이타 | 오이타역 '온천 에티켓' 안내문 |

 ## 어휘·표현

온천　温泉	을/를 촉진하다　〜を促進する	수증기　水蒸気
에 위치하다　に位置する	미백 효과　美白効果	탄산수소　炭酸水素
원천수　源泉数	인기가 많다　人気がある	주성분　主成分
용출량　溶出量	도지 문화　湯治文化	천연가스　天然ガス
이용 상황　利用状況	장기 체류　長期滞在	유황　硫黄
효능　効能	자취　自炊	철이온　鉄イオン
요양　療養	숙박 시설　宿泊施設	유리이산화탄소　遊離二酸化炭素
음용　飲用	에티켓　エチケット	치료　治療
위장기능계　胃腸機能系	수영복　水着	집중　集中
대사　代謝	속옷　下着	차지하다　占める
조혈　造血	을/를 착용하다　を着用する	이용 시설수　利用施設数
허가　許可	온천법에 따르면　温泉法によ	공중 목욕탕수　公衆浴場数
전국적　全国的	れば	숙박 시설수　宿泊施設数
진기하다　珍しい	지중　地中	연간　年間
고농도　高濃度	온수　温水	
혈액순환　血液（行）循環	광수　鉱水	

1. 오이타현 온천을 지역별로 나누고 그 특징에 대해서 알아봅시다.
   오이타현 온천 지역별 안내시트를 이용하세요.

2. 오이타역 앞에 있는 녹나무에 대한 유래를 조사해 봅시다.

3. 오이타의 위인 오토모 소린에 대해서 조사해 봅시다.

4. 벳푸 관광의 아버지 아부라야 구마하치에 대해서 조사해 봅시다.

5. 오이타현 관련 정보 사이트를 이용하여 오이타현 관광 코스를 만들어 봅시다.

오이타역 앞 오토모 소린 동상

벳푸역 앞 아부라야 구마하치 동상

오이타역 앞 녹나무

유후인역 앞 유후다케

日本の九州に位置する大分県は、「日本一のおんせん県おおいた」として知られ、温泉としてもっとも有名な観光地域です。大分県が「日本一のおんせん県」とされる理由は何でしょうか。以下の資料からその詳細を調べてみましょう。

1　源泉数・湧出量日本一！

大分県は、温泉の源泉数・湧出量ともに全国一位を誇ります。

・源泉数：1位 大分県（5,102）、2位 鹿児島県（2,751）、3位 北海道（2,215）

・湧出量：1位 大分県（298,416）、2位 北海道（197,557）、3位 鹿児島県（174,500）

※湧出量（L/分）、出典：環境省HPより（2020年度温泉利用状況）

2　泉質の数がスゴイ！

大分県には、全10種ある泉質のうち、8種類があります。

・大分県にある泉質：単純温泉・塩化物泉・炭酸水素塩泉・硫酸塩泉・二酸化炭素泉
　　　　　　　　　・含鉄泉・酸性泉・硫黄泉

3　飲んでも効く大分の湯

温泉療養の一つとして、温泉を飲む「飲用」があります。飲用泉の適応症は、泉質により胃腸機能系、代謝機能系、造血機能系の3つに大別されます。大分県には、公共利用の飲用に許可されている温泉（飲用泉）が約140施設もあります。

※「おんせん県おおいたの飲泉スポット30調査本」（公益社団法人大分県薬剤師会発行）

4　全国的にも珍しい高濃度炭酸泉

長湯温泉には、全国におよそ3,100カ所ある温泉地のうち、わずか0.6％しか存在しない「炭酸泉（二酸化炭素泉）」が湧いています。炭酸ガスが溶け込んだ湯は、血行促進と美肌効果があり、女性に人気です。

5　湯治文化

大分県では、温泉地に長期滞在をして、療養を行う「湯治文化」が根強く残っています。別府市にある鉄輪温泉には、自炊もできる宿が存在します。また竹田市では、温泉を楽しみながら健康になる「竹田式湯治」を提案しています。

大分県温泉エリア

① 別府湾エリア：別府市・大分市・日出町

② 宇佐・国東半島エリア：杵築市・国東市・宇佐市・豊後高田市・姫島村

③ 日田・耶馬エリア：中津市・日田市・玖珠町

④ やまなみエリア：由布市・九重町

⑤ 奥豊後エリア：竹田市・豊後大野市

⑥ 日豊海岸エリア：臼杵市・津久見市・佐伯市

오이타현 온천 지역별 안내시트①-1

벳푸만 지역	
지역	벳푸시, 오이타시, 히지마치
볼거리	
추천 포인트	
온천지	
명소	
명물	
더 알아두면 좋은 곳	

오이타현 온천 지역별 안내시트①-2

우사 · 구니사키 반도 지역	
지역	기츠키시, 구니사키시, 우사시, 분고타카다시, 히메시마무라
볼거리	
추천 포인트	
온천지	
명소	
명물	
더 알아두면 좋은 곳	

오이타현 온천 지역별 안내시트 ①-3

히타 · 야바 지역	
지역	나카츠시, 히타시, 구스마치
볼거리	
추천 포인트	
온천지	
명소	
명물	
더 알아두면 좋은 곳	

오이타현 온천 지역별 안내시트①-4

야마나미 지역	
지역	유후시, 고코노에마치
볼거리	
추천 포인트	
온천지	
명소	
명물	
더 알아두면 좋은 곳	

오이타현 온천 지역별 안내시트①-5

오쿠분고 지역	
지역	다케타시, 분고오노시
볼거리	
추천 포인트	
온천지	
명소	
명물	
더 알아두면 좋은 곳	

오이타현 온천 지역별 안내시트①-6

	닛포 해안 지역
지역	우스키시, 츠쿠미시, 사이키시
볼거리	
추천 포인트	
온천지	
명소	
명물	
더 알아두면 좋은 곳	

6 오이타현② 오이타 지오파크

 6-1

지금부터 약 9만년 전에 규슈의 아소산에 거대한 분화가 일어났습니다. 그 당시 발생한 화쇄류가 규슈 대부분을 뒤덮었으며, 멀리는 혼슈의 야마구치현까지 도달할 정도였다고 합니다. 화쇄류는 점차 식고 굳어지면서 오이타현 분고오노의 대지를 만들어 냈습니다. 물이 흐르고 생명이 태어나, 풍부한 대지가 재탄생되었습니다. 분고오노시는 규슈의 동부, 오이타현의 남부에 위치하고 있는데 오이타현에서 3번째로 큰 지역입니다. 이러한 지형 역사를 가지고 있는 분고오노시 전역이 2013년 9월에 일본의 지오파크로 지정되었습니다.

지오파크(Geopark)는 지구와 대지를 의미하는 Geo와 공원을 의미하는 Park를 합성한 조어입니다. 지오파크는 이른바 '대지의 공원'이란 뜻으로, 우리 주변에 있는 산과 강이 어떻게 만들어졌는지 그 생성과정을 배우고, 거기에서 살아가는 사람들의 생활과 문화를 즐기면서 배울 수 있는 장소입니다. 현재 일본 전국에서는 46개 지역이 지오파크로 등록되어 있으며, 그 중에서 9개 지역은 유네스코 세계 지오파크로 지정되었습니다(2022년 2월 현재).

 오이타 지오파크의 역사에 대해서 알아봅시다.

☐ 하라지리 폭포
☐ 다이자코 협곡
☐ 데도리간도 지층
☐ 후코지 마애불
☐ 츠지가와라 돌 목욕굴

6-2

#Oita Geoculture

제33회 국민문화제 오이타 2018, 제18회 장애인 예술 문화제 오이타 대회, 오이타 다이차카이 기념책으로 출판된『오이타 지오컬쳐』(『おおいたジオカルチャー』美術手帖編集部編、美術出版社、2018年)에서는 오이타현의 대지(지오)와 문화에 대한 매력을 소개하고 있습니다. 지역 고유의 풍토 · 역사 안에서 탄생한 전통 예능과 축제, 수많은 자원이 살아 숨 쉬고 있는 오이타현.『오이타 지오컬쳐』에서는 오이타현을 보다 더 깊게 이해하고 체험할 수 있도록 지형과 문화라는 카테고리로 오이타현을 5개의 지역으로 나눴습니다.

1 만남의 장소 : 오이타시, 벳푸시, 유후시

2 기도의 골짜기 : 분고타카다시, 기츠키시, 우사시, 구니사키시, 히메시마무라, 히지마치

3 풍부한 포구 : 사이키시, 우스키시, 츠쿠미시

4 경작하는 마을 : 다케타시, 분고오노시

5 물의 숲 : 나카츠시, 히타시, 고코노에마치, 구스마치

 6-3

#국민문화제

국민문화제(1968년부터 매년 개최)는 관광, 지역조성, 국제 교류, 복지, 교육, 산업, 그 외 관련 분야 정책과 유기적으로 연계하면서, 지역의 문화 자원의 특색을 살린 문화 축제입니다. 또한 전통 예능, 문학, 음악, 미술 등 각종 예술 활동과 식문화 등 생활 문화 활동을 전국적인 규모로 개최하고, 서로 교류할 수 있는 장을 제공합니다. 그리고, 문화에서 생성된 다양한 가치를 문화의 계승과 발전, 창조에 활용하고, 나아가 예술 · 문화의 진흥에도 기여하고 있습니다. 2017년도부터는 국민의 참여와 감상 기회를 확대시키기 위해 '전국 장애인 예술 · 문화제'와 동시에 개최하고 있습니다.

6-4

#전국 장애인 예술 · 문화제
2001년부터 매년 개최되고 있는 장애인의 예술 및 문화 활동을 발표하는 국제
최대 규모의 이벤트입니다. 예술 · 문화 활동을 통해서 장애인의 사회 참여를 촉
진시키고, 장애인에 대한 이해와 인식을 넓히는 것을 목적으로 하고 있습니다.

 ## 어휘 · 표현

거대한 분화　巨大な噴火	전통 예능　伝統芸能	관련 분야　関連分野
발생하다　発生する	살아 숨 쉬다　息づく	정책　政策
화쇄류　火砕流	지형　地形	유기적　有機的
대부분　大半、大部分	카테고리　カテゴリー	연계하다　連携する
멀리는　遠くは	만남　出会い	특색　特色
도달하다　到達する	기도　祈り	계승　継承
점차　やがて、次第に	골짜기　谷	발전　発展
식다　冷める	풍부하다　豊かだ	진흥　振興
굳어지다　固まる	포구　浦	기여하다　寄与する
대지　大地	경작하다　耕す	감상 기회　鑑賞の機会
만들어 내다　作り出す	마을　村	확대　拡大
생명　生命、命	숲　森	이벤트　イベント
전역　全域	국제 교류　国際交流	인식을 넓히다　認識を広げる
조어　造語	복지　福祉	
풍토　風土	산업　産業	

 ## 조사하기 · 생각하기 · 발표하기

▶ 오이타현을 지형과 문화별로 나누어 그 특징에 대해서 알아봅시다.

　오이타현 지형 · 문화 지역별 안내시트를 이용하세요.

▶ 각자 고향의 관련 기관 홈페이지를 확인하고, 참고문헌 등 관련자료를 조사해
봅시다.

3 아래와 같은 항목을 조사해 보고, 무엇을 소개할 것인지를 정해 봅시다.
#지역의 개요(인구, 위치, 기후 등), 특징, 생활(라이프 스타일), 역사(위인, 인물), 문화, 자연환경, 주요 산업, 관광 명소, 명물(요리), 자랑거리, 축제 등

4 조사한 내용을 정리하고, PPT자료로 발표해 봅시다.

다이자코 협곡

이와도 경관

진다 폭포

후코지 마애불

하라지리 폭포 1

하라지리 폭포 2

本文の日本語訳

　今から約9万年前に九州の阿蘇山に巨大な噴火が起きました。当時発生した火砕流は、九州の大半を覆い尽くし、遠くは本州の山口県まで到達するほどであったといいます。火砕流はやがて冷えて固まり、大分県の豊後大野の大地を作り出しました。水が流れ、命が生まれ、豊かな大地がよみがえりました。豊後大野市は、九州の東部、大分県の南部に位置していますが、大分県では3番目に大きな地域です。こうした地形の歴史を持つ豊後大野市の全域が2013年9月、日本のジオパークとして指定されました。

　ジオパーク（Geopark）は、地球や大地を意味するGeoと公園を意味するParkを組み合わせてできた造語です。ジオパークとは、いわば「大地の公園」という意味で、私たちの身の回りにある山や川がどうやってできたのか、その成り立ちを知るとともに、そこに生きる人々の営みや文化を楽しみながら学ぶことができる場所です。現在、日本全国で46地域がジオパークに登録されており、そのうち9地域は、ユネスコの世界ジオパークに指定されています（2022年2月現在）。

 ## おおいたジオパークの歴史について調べてみましょう。

- 原尻の滝
- 滞迫峡
- 手取蟹戸
- 普光寺摩崖仏
- 辻河原石風呂

오이타현 지형·문화 지역별 안내시트②-1

카테고리	
지역	
지역 개요	
지형/문화 특징	
역사적 인물	
더 알아두면 좋은 곳	

카테고리	
지역	
지역 개요	
지형/문화 특징	
역사적 인물	
더 알아두면 좋은 곳	

카테고리	
지역	
지역 개요	
지형/문화 특징	
역사적 인물	
더 알아두면 좋은 곳	

카테고리	
지역	
지역 개요	
지형/문화 특징	
역사적 인물	
더 알아두면 좋은 곳	

카테고리	
지역	
지역 개요	
지형/문화 특징	
역사적 인물	
더 알아두면 좋은 곳	

올레② 규슈올레

7-1

　　제주의 곳곳을 걸어서 여행하며 제주의 매력을 발견할 수 있는 곳이 제주올레라고 한다면, 웅대한 자연과 수많은 온천에서 규슈의 문화와 역사를 오감으로 즐길 수 있는 곳이 규슈올레라고 하겠습니다. 규슈올레의 조성을 위해 제주올레를 운영하는 사단법인 제주올레에서 코스 개발과 브랜드 사용, 표식 디자인 등을 제공했습니다.

　　규슈올레의 상징은 다홍색인데, 다홍은 일본에서 흔히 볼 수 있는 신사의 토리이(鳥居) 색으로, 일본 문화를 표현하는 대표적인 색깔입니다. 그리고 다홍색은 일본을 상징하는 토키(朱鷺/따오기)라는 새의 머리와 발의 색깔이기도 합니다. 규슈올레의 로고는 제주올레의 간세(조랑말)를 그대로 사용하며, 제주올레에서와 같이 간세와 화살표, 리본을 따라서 길을 걸으면 됩니다. 간세의 머리가 가리키는 방향이 길의 진행 방향입니다. 파란색 화살표는 정방향, 다홍색 화살표는 역방향을 가리킵니다. 리본은 파란색과 다홍색이 달려 있습니다.

　　그럼, 규슈올레에 대해서 더 자세히 알아봅시다.

더 알아보기

#규슈올레 에티켓

▶ **1** 마을을 지날 때는 집안에 함부로 들어가거나 기웃거리지 않기

▶ **2** 현지인의 얼굴이나 사유 재산을 촬영할 때는 반드시 사전 동의 구하기

▶ **3** 쓰레기는 꼭 챙겨가기

▶ **4** 과일 껍질도 길가에 버리지 않기

5 과수원이나 밭의 농작물에 손대지 않기

6 길가에 핀 꽃, 나뭇가지를 꺾지 않기

7 길에서 마주친 가축이나 야생동물을 괴롭히지 않기

8 산 정상에서 소리치지 않기

9 뒤에 오는 올레꾼을 위해 리본을 떼가지 않기

10 길 안내 간세를 때리거나 위에 올라타지 않기

11 흙길에서는 정해진 길로만 다니고 샛길을 만들지 않기

12 자동차가 다니는 도로변을 지날 때에는 길가로 다니기

13 코스를 벗어난 가파른 계곡이나 절벽 등으로의 모험은 피하기

14 주변 풍경을 놀멍 쉬멍 여유롭게 즐기며 걷기

15 도중에 만나는 여행자나 지역 주민에게 정다운 미소와 눈인사 건네기

오쿠분고 코스 출발지점인 아사지역

오쿠분고 코스 한국어 안내문

오쿠분고 코스 관광지도 규슈올레 리본·간세

 ## 어휘·표현

웅대한 자연 壮大な自然	함부로 勝手に	나뭇가지 枝
운영하다 運営する	기웃거리다 覗く	꺾다 折る
코스 개발 コース開発	현지인 現地人	가축 家畜
브랜드 사용 ブランド使用	얼굴 顔	야생동물 野生動物
표식 디자인 標識デザイン	사유 재산 私有財産	괴롭히다 いじめる
제공하다 提供する	촬영 撮影	산 정상 山の頂上
다홍색 朱色	반드시 必ず	소리치다 叫ぶ
신사 神社	동의를 구하다 同意を得る	계곡 渓谷
토리이 鳥居	쓰레기 ゴミ	절벽 絶壁、崖
대표적 代表的	챙겨가다 持って帰る	모험 冒険
따오기 朱鷺	과일 껍질 果物の皮	피하다 避ける
그대로 そのまま	버리다 捨てる	여유롭게 余裕を持って
화살표 矢印	밭 畑	즐기다 楽しむ
진행 방향 進行方向	농작물 農作物	
정방향 正方向	손대다 触る	
역방향 逆方向	꽃 花	

 ## 조사하기 · 생각하기 · 발표하기

1. 규슈올레는 현재 몇 코스가 있는지 조사해 봅시다.

2. 규슈올레 중에서 한 코스를 정해서 소개해 봅시다.

本文の日本語訳

　済州の色んなところを歩きながら旅して、済州の魅力を発見できるところが済州オルレとするのであれば、壮大な自然と数多い温泉において九州の文化と歴史を五感で楽しめるところが九州オルレです。九州オルレを作るために、済州オルレを運営している（社）済州オルレがコース開発の方法とブランドの使用、標識のデザインなどを提供しました。

　九州オルレの象徴は朱色でありますが、朱色は日本ではよく見かける神社の鳥居の色で、日本文化を表現する代表的な色です。そしてこの朱色は、日本を象徴する朱鷺（とき）という鳥の頭と足の色でもあります。ロゴは、済州オルレのカンセをそのまま使用し、済州オルレと同様、カンセと矢印、リボンに従い道を歩けば良いのです。カンセの頭が示す方向が道の進行方向です。青色の矢印は正方向、朱色の矢印は逆方向を示します。リボンは青色と朱色がかけられています。

　それでは、九州オルレについて、より詳細に調べてみましょう。

제2부

진로 한국어

자기소개와 진로 준비

8   자기소개① MBTI

9   자기소개② 학과·전공

1o   한국의 이력서·자기소개서

11   한국 기업의 면접

12   편입학 유학 준비

13   한국어학연수

14   진로관련

15   학외활동

8 자기소개① MBTI

　최근 한국 방송에서 MBTI에 관한 이야기를 자주 들을 수 있습니다만, MBTI란 무엇일까요?

　MBTI는 융(C.G. Jung)의 심리 유형론을 근거로 하여 캐서린 쿡 브릭스(Katharine Cook Briggs)와 이사벨 브릭스 마이어스(Isabel Briggs Myers)가 일상생활에 유용하게 활용할 수 있도록 고안한 자기 보고식 성격 유형 지표입니다. 융의 심리 유형론은 인간 행동이 그 다양성으로 인해 종잡을 수 없는 것 같이 보여도, 사실은 아주 질서 정연하고 일관된 경향이 있다는 데서 출발하였습니다. 그리고 인간 행동의 다양성은 개인이 인식(Perception)하고 판단(Judgement)하는 특징이 다르기 때문이라고 보았습니다.

　MBTI에서는 개인이 쉽게 응답할 수 있는 자기 보고(Self report)문항을 통해 인식하고 판단할 때의 각자 선호하는 경향을 찾는 것인데, 이러한 선호 경향들을 하나하나 또는 여러 개를 합쳐 인간의 행동에 어떠한 영향을 미치는가를 파악하여 실생활에 응용할 수 있도록 제작된 심리 검사입니다.

　한국에는 1990년에 도입되어 초급·중급 과정 이외에, 어린이 및 청소년, 일반 강사를 위한 교육 과정이 개발되었습니다. 성격 유형은 모두 16개이며 외향형과 내향형, 감각형과 직관형, 사고형과 감정형, 판단형과 인식형의 4가지로 분리된 선호 경향으로 구성됩니다. 선호 경향은 교육이나 환경의 영향을 받기 이전에 잠재되어 있는 선천적 심리 경향을 말하며, 각 개인은 자신의 기질과 성향에 따라 각각 4가지의 한쪽 성향을 띠게 됩니다.

　그럼, MBTI의 4가지 선호 경향과 16가지 유형에 대해서 알아봅시다.

4가지 선호 경향

 에너지의 방향이 어느쪽인가?

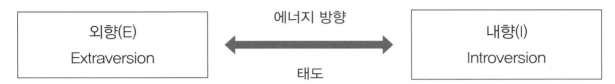

| 외향(E)
Extraversion | 에너지 방향
↔
태도 | 내향(I)
Introversion |

 어떤 정보에 주의를 기울이고 어떤 정보를 어떻게 얻는가?

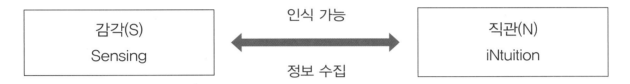

| 감각(S)
Sensing | 인식 가능
↔
정보 수집 | 직관(N)
iNtuition |

 무엇을 기준으로 결정을 내리고 결론(의사 결정)에 도달하는가?

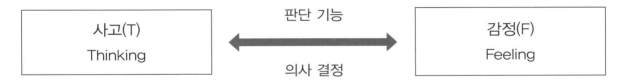

| 사고(T)
Thinking | 판단 기능
↔
의사 결정 | 감정(F)
Feeling |

 어떠한 방식으로 삶을 살아가는가?

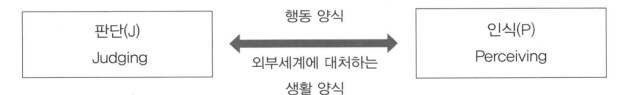

| 판단(J)
Judging | 행동 양식
↔
외부세계에 대처하는
생활 양식 | 인식(P)
Perceiving |

 ## 더 알아보기

#MBTI 16가지 유형

인간의 적성을 이해하기 위한 성격 유형 검사로서 95개의 문항으로 구성되어 있습니다. 4가지의 선호 경향에 따른 MBTI의 성격 유형은 다음과 같이 16가지 유형으로 나타낼 수 있습니다.

MBTI 16가지 유형

분석가형	INTJ　전략가 모든 일에 계획을 세우며 상상력이 풍부한 전략가	INTP　논리술사 지식을 끝없이 갈망하는 혁신적인 발명가	ENTJ　통솔자 항상 문제 해결 방법을 찾아내는 성격으로 상상력이 풍부하며 의지가 강한 지도자	ENTP　변론가 지적 도전을 즐기는 영리하고 호기심이 많은 사색가
외교관형	INFJ　옹호자 차분하고 신비한 분위기를 풍기는 성격으로 타인에게 의욕을 불어넣은 이상주의자	INFP　중재자 항상 선을 행할 준비가 되어 있는 부드럽고 친절한 이타주의자	ENFJ　선도자 청중을 사로잡고 의욕을 불어넣는 카리스마 넘치는 지도자	ENFP　활동가 열정적이고 창의적인 성격. 긍정적으로 삶을 바라보는 사교적이면서도 자유로운 영혼
관리자형	ISTJ　현실주의자 사실을 중시하는 믿음직한 현실주의자	ISFJ　수호자 주변 사람을 보호할 준비가 되어 있는 헌신적이고 따뜻한 수호자	ESTJ　경영자 사물과 사람을 관리하는 데 뛰어난 능력을 지닌 경영자	ESFJ　집정관 배려심이 넘치고 항상 다른 사람을 도울 준비가 되어 있는 성격으로 인기가 많고 사교성이 높은 마당발
탐험가형	ISTP　장인 대담하면서도 현실적인 성격으로 모든 종류의 도구를 자유자재로 다루는 장인	ISFP　모험가 항상 새로운 경험을 추구하는 유연하고 매력 넘치는 예술가	ESTP　사업가 위험을 기꺼이 감수하는 성격으로 영리하고 에너지 넘치며 관찰력이 뛰어난 사업가	ESFP　연예인 즉흥적이고 넘치는 에너지와 열정으로 주변 사람을 즐겁게 하는 연예인

출처 : 「16Personalities」HP https://www.16personalities.com/ko/

 어휘·표현

최근　最近	다양성　多様性	개발되다　開発される
방송　放送、番組	종잡을 수 없다　予想付かない	외향형　外向型
에 관한 이야기　に関する話	질서 정연　秩序整然	내향형　内向型
자주　しょっちゅう	일관된 경향　一貫した傾向	감각형　感覚型
들을 수 있다　聞くことができる	인식　認識	직관형　直観型
심리 유형론　心理類型論	판단　判断	사고형　思考型
근거　根拠	선호하다　好む	감정형　感情型
일상생활　日常生活	영향을 미치다　影響を及ぼす	분석가　分析家
유용하게　有用に	파악하다　把握する	전략가　戦略家
자기 보고식　自己報告式	실생활　実生活	
성격 유형 지표　性格類型指標	응용하다　応用する	
인간 행동　人間行動	도입되다　導入する	

계획을 세우다 計画を立てる	사색가 思考家	경영자 経営者
상상력 想像力	외교관 外交官	뛰어난 능력 優れた能力
풍부하다 豊富だ	옹호자 擁護者	집정관 執政官
지식 知識	신비한 분위기 神秘的な雰囲気	배려 配慮
끝없이 갈망하다 絶えず渇望する	이상주의자 理想主義者	탐험가 探検家
혁신적인 발명가 革新的な発明家	중재자 仲介者	장인 巨匠
통솔자 統率者	이타주의자 利他主義者	대담하다 大胆だ
해결 방법 解決方法	선도자 先導者	도구 道具
찾아내다 探し出す、見つけ出す	카리스마 カリスマ	모험가 冒険家
의지 意志	열정적 情熱的	유연하다 柔軟だ
강력하다 強力だ	창의적 創意的	예술가 芸術家
지도자 指導者	긍정적 肯定的	사업가 事業家、起業家
변론가 弁論家	사교적 社交的	위험을 감수하다 危険を冒す
호기심이 많다 好奇心が多い	현실주의자 現実主義者	관찰력 観察力
	수호자 守護者	연예인 芸能人
	보호하다 保護する、守る	즉흥적 即興的
	헌신적 献身的	

조사하기 · 생각하기 · 발표하기

 인터넷에서 자신의 MBTI 유형을 조사해 봅시다.

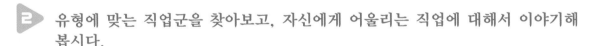 유형에 맞는 직업군을 찾아보고, 자신에게 어울리는 직업에 대해서 이야기해 봅시다.

 친구의 성격에 대해 알아보고, 어떤 직업이 적성에 맞을지 이야기해 봅시다.

　　最近、韓国のテレビ番組では、MBTIに関するお話をよく耳にしますが、MBTIとは何でしょうか。

　　MBTIは、ユング（C. G. Jung）の心理類型論に、キャサリン・クック・ブリッグス（Katharine Cook Briggs）とイザベル・B・マイヤーズ（Isabel Briggs Myers）が日常生活に有用に活用できるように考案した自己報告式の性格類型指標です。ユングの心理類型論は、人間行動がその多様性によって予想がつかないように見えても、実は非常に整然とし、一貫した傾向があるというところから出発しました。そして、人間行動の多様性は、個人が認識（Perception）し、判断（Judgement）するところがそれぞれ異なるためと考えていました。

　　MBTIは、個人が容易く回答できる自己報告（Self report）項目を通して、認識・判断する際に各自が好む傾向を探すことですが、こうした好む傾向の一つ一つ、もしくは好む傾向のいくつかを合わせて人間の行動にどんな影響を与えるかを把握し、実生活に応用できるように制作された心理テストです。

　　韓国では、1990年に導入され、初級、中級、子ども・青少年、一般講師のための教育課程が開発されました。性格にはすべて全部で16タイプがあり、外向型と内向型、感覚型と直感型、思考型と感覚型、判断型と認識型など、4つの分離された選り好み傾向として構成されています。選り好み傾向は、教育や環境の影響を受ける以前に既にあった先天的心理傾向を意味し、各個人は自身の気質と好みによって、それぞれ4つの傾向を持つことになります。

　　それでは、MBTIの4つの好み傾向と16のタイプについて調べてみましょう。

4つの好み傾向

 エネルギーの方向がどちらなのか。

| 外向(E)
Extraversion | エネルギーの方向 ⟷ 態度 | 内向(I)
Introversion |

 どんな情報に注意を払い、どんな情報を得られるのか。

| 感覚(S)
Sensing | 認識可能 ⟷ 情報収集 | 直観(N)
iNtuition |

 何を基準に決定し、結論（意思決定）に到達するのか。

| 思考(T)
Thinking | 判断機能 ⟷ 意思決定 | 感情(F)
Feeling |

 どんな方法で、人生を歩んでいくのか。

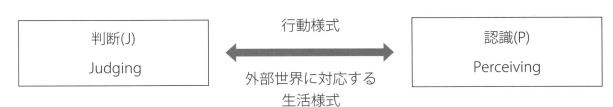

| 判断(J)
Judging | 行動様式 ⟷ 外部世界に対応する
生活様式 | 認識(P)
Perceiving |

9 자기소개② 학과 • 전공

9-1

　　오이타현립예술문화단기대학은 4개의 학과(미술과, 음악과, 국제종합학과, 정보커뮤니케이션학과)와 4년제 대학의 예술학사 학위를 수여받을 수 있는 전공과(2코스)가 마련되어 있습니다. 본문 내용을 참조하여 여러분의 학교와 학과, 전공에 대해서 조사해 보고 한국어로 소개해 봅시다.

　　그럼 각 학과의 코스에 대해서 알아봅시다.

※本課では、「大分県立芸術文化短期大学」の学科とコースを紹介していますが、本内容を参考に自身の学校や専攻（高校生であれば、学びたい専門分野など）について調べ、紹介してみてください。なお、大分県立芸術文化短期大学の学科案内は、大学のホームページで確認することができます。

 미술과

우수한 개성과 창조력을 가지고, 풍부한 인간성으로 사회에 적극적으로 공헌할 수 있는 인재를 육성하는 것을 교육 목적으로 합니다. 다음과 같은 교육 목표를 제시합니다.

- 미술 전공(일본화 · 유채화 · 믹스미디어 · 조각) : 미술에 관한 기초적인 실기 · 이론 및 교양을 기반으로 하고, 여러 방면의 현대 미술 분야에 있어서 성실하고 유연한 자세로 대응할 수 있는 풍부한 창조성과 인간성을 양성합니다.
- 디자인 전공 : 비주얼 디자인 · 미디어 디자인 · 프로텍트(제품) 디자인 · 그래픽 아트의 기초적 이론과 조형 실습을 통해 새로운 시대 요구에 대응할 수 있는 풍부한 창조력과 계획성을 양성합니다.

음악과

전문적인 음악 기술과 지도력을 가지고, 창조력이 풍부한 인재를 육성하는 것을 교육 목적으로 합니다. 다음과 같은 교육 목표를 제시합니다.

- 성악 코스 : 가창 예술을 학습·심화하기 위하여 성악의 기초적 실기와 이론을 연마합니다.
- 피아노 코스 : 기초적인 연주기술을 습득하고 고도의 피아노 연주기술을 양성합니다.
- 관현악 코스 : 각 악기 연주법을 습득하고 오케스트라와 취주악 등 앙상블에 관한 연주기법을 배웁니다.
- 음악 종합 코스 : 음악 이론을 기초로 종합적인 음악기능을 습득합니다.

 국제종합학과

일본뿐만 아니라 여러 나라와 지역에 대한 지식과 이해를 가지고, 풍부한 발상력과 행동 의욕, 사회인·직업인으로서 필요한 능력을 갖춘 인재를 육성하는 것을 교육 목적으로 합니다. 다음과 같은 교육 목표를 제시합니다.

- 국제 커뮤니케이션 코스 : 외국어로 실천적 커뮤니케이션 능력을 육성합니다.
- 관광 매니지먼트 코스 : 관광에 관한 전문적 지식, 매니지먼트 능력과 실천 능력을 육성합니다.
- 현대 커리어 코스 : 비지니스 현장에서 요구되는 전문적 지식, 기획력과 실천 능력을 육성합니다.

정보커뮤니케이션학과

정보와 미디어를 유효하게 활용하는 지식과 기술, 그리고 인간 관계를 발전시키는 커뮤니케이션 능력을 양성하고, 자기의 개성과 능력을 발휘하면서 지역 사회에 공헌할 수 있는 인간성 풍부한 인재를 육성하는 것을 교육 목적으로 합니다. 다음과 같은 교육 목표를 제시합니다.

- 심리 스포츠 코스 : 인간 행동을 심리학적으로 이해하고 인간 관계를 운영하는 능력을 육성합니다.
- 지역 비지니스 코스 : 현대 사회의 문제를 이해하고 지역 만들기에 참가하는 의욕과 능력을 육성합니다.
- 정보 미디어 코스 : 정보화 사회 발전을 이해하고 정보 기술과 다양한 미디어를 활용하는 능력을 육성합니다.

 ## 어휘·표현

우수한 개성　優れた個性	그래픽　グラフィック	교양　教養
창조력　創造力	아트　アート	풍부한 발상력　豊かな発想力
풍부한 인간성　豊かな人間性	기초적　基礎的	행동 의욕　行動意欲
공헌하다　貢献する	조형실습　造形実習	사회인　社会人
인재를 육성하다　人材を育成する	요구　要求	국제 커뮤니케이션　国際コミュニケーション
제시하다　提示する	계획성　計画性	외국어　外国語
일본화　日本画	전문적　専門的	실천적　実践的
유채화　油絵	음악기술　音楽技術	관광 매니지먼트　観光マネジメント
믹스 미디어　ミックスメディア	지도력　指導力	비지니스 현장　ビジネス現場
조각　彫刻	성악　声楽	기획력　企画力
기초적인 실기　基礎的な実技	가창　歌唱	지식과 기술　知識と技術
이론　理論	심화하다　深化する	양성하다　養成する
교양　教養	연마하다　練磨する	심리 스포츠　心理スポーツ
현대 미술　現代美術	피아노　ピアノ	지역 만들기　地域づくり
성실하고 유연한 자세　誠実で柔軟な姿勢	연주　演奏	정보화 사회　情報化社会
대응하다　対応する	관현악　管弦楽	정보기술　情報技術
디자인 전공　デザイン専攻	악기　楽器	
비주얼　ビジュアル	오케스트라　オーケストラ	
프로텍트(제품)　プロタクト	취주악　吹奏楽	
	앙상블　アンサンブル	
	종합적인　総合的な	

조사하기 · 생각하기 · 발표하기

▶1 여러분은 어느 학과 소속입니까?

▶2 학과에서 전공으로 하고 싶은 코스에 대해서 생각해 봅시다.

▶3 여러분의 전공에 대해 설명해 봅시다.

本文の日本語訳

　大分県立芸術文化短期大学は、4つの学科（美術科、音楽科、国際総合学科、情報コミュニケーション学科）と4年制大学の芸術学士が取得できる専攻科（2コース）があります。本文の内容を参照して、皆さんの学校、学科、専攻について調べ、韓国語で紹介してみましょう。

　それでは、各学科のコースについて調べてみましょう。

 ## 美術科

　優れた個性と創造力を持ち、人間性豊かで、社会に積極的な貢献を成り得る人材を育成することを教育目的とし、次の目標を達成することを目指します。

- 美術専攻（日本画・油彩画・ミクストメディア・彫刻）：美術に関する基礎的な実技・理論及び教養を基盤とし、多岐にわたる現代美術の諸相に、着実・柔軟な姿勢で対応し得る、豊かな創造性と人間性を養います。
- デザイン専攻：ビジュアルデザイン・メディアデザイン・プロダクトデザイン・グラフィックアートの基礎的な理論と造形実習を通して、新しい時代の要求に応じ得る、豊かな創造力と計画性を養います。

 ## 音楽科

　専門的音楽技能と指導力を有し、創造力豊かな有為な人材を育成することを教育目的とし、次の目標を達成することを目指します。

- 声楽コース：歌唱芸術を学び、深めるために、声楽の基礎的な実技・理論の修得を目指します。
- ピアノコース：基礎的な演奏技術の修得、さらに高度な演奏技能を身につけます。
- 管弦打コース：各楽器の演奏法の修得と合わせて、オーケストラや吹奏楽などアンサンブルにおける演奏技法を身につけることを目指します。
- 音楽総合コース：音楽理論を基礎とし、総合的な音楽技能を修得することを目指します。

国際総合学科

　日本のみならず様々な国や地域についても知識と理解を有し、豊かな発想力と行動への意欲、社会人・職業人として必要とされる技能を備えた有為な人材を育成することを教育目的とし、次の目標を達成することを目指します。

- ・国際コミュニケーションコース：外国語による実践的コミュニケーション能力を育成します。
- ・観光マネジメントコース：観光に関する専門的知識、マネジメント力や実践能力を育成します。
- ・現在キャリアコース：ビジネスの現場で求められる専門的知識、企画力や実践能力を育成します。

 情報コミュニケーション学科

　情報とメディアを有効に活用する知識と技術、及び人間関係を発展させるコミュニケーション技能を身につけ、自己の個性と能力を活かし、地域社会に貢献できる人間性豊かな人材を育成することを教育目的とし、次の目標を達成することを目指します。

- ・心理スポーツコース：人間の行動を心理学的に理解し、人間関係を営む技能を育成します。
- ・地域ビジネスコース：現代社会の諸問題を理解し、地域づくりに参加する意欲と技能を育成します。
- ・情報メディアコース：情報化社会の発展を理解し、情報技術と多様なメディアを活用する力を育成します。

10-1

이력서는 개인의 학력이나 경력 등을 적은 서류입니다. 일반적으로 조직의 인사 담당자가 취업 희망자를 채용하기 위해 처음으로 접하는 문서이기도 합니다. 취업을 하기 위해서는 자신의 능력이나 경력 등을 적절히 부각시켜 기업의 인사 담당자의 시선을 끄는 것이 중요하다고 볼 수 있습니다. 이력서는 본인이 직접 작성하는 것을 원칙으로 하며, 사실 그대로를 전달하기 위해 간결하면서도 명확하게 작성하고, 개인의 이력을 한눈에 파악할 수 있도록 작성해야 합니다.

이력서의 기본적인 구성 항목으로는 사진, 성명(한글, 한자), 생년월일, 이메일, 주소, 연락처(전화번호, 핸드폰 번호), 연월일, 학력 및 경력 사항, 비고 등이 있으며, 관련 서식으로는 자기소개서, 입사지원서, 입사원서, 경력증명서, 재직증명서 등이 있습니다.

10-2

자기소개서는 다른 사람에게 자신을 알리기 위해 작성하는 글입니다. 자기소개서를 작성하는 이유는 단시간에 자신의 장점, 성격 등을 알려야 할 경우가 생기기 때문입니다. 일반적으로 동아리, 단체 가입, 회사 채용 면접 등에 지원할 때 자기소개서를 작성하여 제출하게 됩니다.

기업이나 단체가 독자적인 자기소개서 형식을 지원자에게 제공하기도 하지만, 일반적인 형식에는 성명, 성장 배경, 성격의 장단점, 학교생활, 인생관, 지원동기, 포부 등의 항목이 포함되어 있습니다. 그리고 자기소개서 관련 서식으로는 입사지원서, 영문자기소개서, 영문이력서, 재직증명서, 경력확인서, 경력증명서, 커버레터 등이 있습니다.

어휘 · 표현

이력서　履歴書	원칙　原則	비고　備考
양식　様式	간결하게　簡潔に	입사지원서　入社志願書
회사　会社	명확하게　明確に	경력증명서　経歴証明書
조직　組織	한눈에　一目で	재직증명서　在職証明書
문서　文書	구성 항목　構成項目	자기소개서　自己紹介書
학력　学歴	사진　写真	상대방　相手
경력　経歴	성명　姓名、氏名	단시간　短時間
일반적　一般的	한자　漢字	단체 가입　団体加入
인사 담당자　人事担当者	생년월일　生年月日	채용 면접　採用面接
희망자　希望者	이메일　email	성장 배경　成長背景
채용하다　採用する	주소　住所	인생관　人生観
적절하게　適切に	연락처　連絡先	영문　英文

조사하기 · 생각하기 · 발표하기

 한국과 일본의 이력서 · 자기소개서의 차이점에 대해서 이야기해 봅시다.

 한국의 이력서 양식에 맞게 이력서를 작성해 봅시다.

한국의 자기소개서 양식에 맞게 자기소개서를 작성해 봅시다.

이 력 서

사 진 3 X 4	성 명	한 글		한 자		지원부문	1	
		영 문					2	
	생년월일		(만 ○○세)			희망근무지	1	
	E – MAIL						2	

연 락 처	본 적	
	현 주 소	
	전화번호	핸 드 폰

	졸 업 연 월	학 교 명	전 공	졸업여부	소재지
학 력 사 항					

	근 무 기 간	근 무 처	직 무	직 위	연 봉
경 력					

외 국 어	테스트명				자 격	종 류	취득일자
	점수(급)						
	일 자						

병 역	군 별	계 급	복 무 기 간	제 대 구 분	면제 사유
				☐필 ☐미필 ☐면제 ☐비대상	

	관 계	성 명	연 령	학 력	동 거		가족관계	
가 족 사 항							결혼여부	
							보훈여부	
							주거형태	

위의 기재 내용이 사실임을 확인합니다.

20   년   월   일

지원자 :   (인)

표준이력서(입사지원서) 양식

지원분야			접수번호	
성명				
주민등록번호*		x00000−x000000		
현주소				
연락처	전화		이메일	
	휴대폰			
원하는 근무지				
취업가능연령	법정 취업가능연령 이상입니까? (해당되는 곳에 √ 하시오.) □예　　　　　□아니오			
직무관련 학교교육**	초등학교부터 학교교육을 받은 총년수　?　＿＿＿＿＿년			
	최종학력 □고졸이하　□고졸　□대졸　□대학원수료 □대학원졸			
	전공		부전공	
직무관련 직업교육				
직무관련 기술 (자격증, 언어능력 기계사용능력 등)				

직무관련 총 경력 (　년　개월)	근무기간	기관명	직위	담당업무	사용한 기계/설비등	본인 관리하에 있던 직원수와 직위(해당하는 경우만)

직무관련 기타 경험 (웍샵/세미나 참석 및 자원활동 포함)	
병력관련	병력의무에 대하여 해당되는 곳에 √ 하시오 □ 병력필(기간 :　　　) □ 병력미필 또는 면제

위 사항은 사실과 틀림없음을 확인합니다.

지원날짜　:

지원자　　:　　　　　　　　　　　(인)

자기소개서

성장 과정	
성격 및 인생관	
학교 생활 및 경험	
지원 동기	
희망 및 포부	
특기 및 기타	

　履歴書は、個人の学歴や経歴などを書いた書類です。一般的には、組織の人事担当者が就職希望者を採用するために、最初に接する文書でもあります。就職をするためには、自身の能力や経歴などを適切にアピールし、企業の人事担当者に関心を持ってもらうことが重要です。履歴書は、本人が作成することが原則であり、事実をそのまま伝えるために簡潔でありながらも明確に作成し、個人の履歴を一目で把握できるように作成すべきです。

　履歴書の基本的な構成項目には、写真、氏名（ハングル、漢字）、生年月日、e-mail、住所、連絡先（電話番号、携帯番号）、学歴及び経歴事項、備考などあり、関連書式としては、自己紹介書、入社志願書、入社願書、経歴証明書、在職証明書などがあります。

　自己紹介書は、他の人に自分のことを知らせるために作成する文章です。自己紹介書を作成する理由は、短時間で自分の長点、性格などを知らせる必要があるからです。一般的には、サークル、団体（同好会）加入、会社の採用面接などに志願する時に、自己紹介書を作成し提出することになります。

　企業や団体が独自の自己紹介書を志願者に提供することもありますが、一般的な様式には、氏名、成長背景（成育環境）、性格の長所・短所、学校生活、人生観、志願動機、抱負などの項目が含まれています。そして自己紹介書の関連書式として、入社志願書、英文自己紹介書、英文履歴書、在職証明書、経歴確認書、経歴証明書、カバーレターなどがあります。

11 한국 기업의 면접

 11-1

한국 기업에서는 일반적으로 3종류의 면접 형태를 실시하고 있습니다.

일반면접

일반면접은 회사의 사정에 따라서 지원자 1명~3명 정도로 실시하는 경우가 많습니다.
 • 자주 묻는 질문
① 자기소개 : 자기소개를 해 보세요.
② 지원동기 : 지원동기를 말해 보세요.
③ 성격 : 성격의 장점과 단점은 무엇입니까?
④ 좌우명 : 좌우명이 무엇입니까?
⑤ 입사 후 포부 : 회사에 들어오면 어떤 일을 하고 싶습니까?

PT면접

PT면접이란 지원한 분야와 관계가 있는 주제를 선택해서 발표하는 면접으로, 프레젠테이션 면접이라고도 말합니다. PT면접으로 면접관들은 지원자가 지원 분야에 대해 얼마나 알고 있는지, 지원자가 발표를 얼마나 잘하는지, 지원자의 태도가 얼마나 좋은지 등을 알 수 있습니다.
 • 자주 나오는 PT과제
① 자신을 대표할 수 있는 단어로 자기소개를 하고, 회사가 자신을 뽑아야 하는 이유를 설명해 보십시오.
② 회사의 강점과 약점을 말하고, 회사가 더 좋아질 수 있는 방법을 발표하십시오.

토론면접

어떤 주제에 대해 이유나 근거를 들어서 주장하는 것이 토론입니다. 지원자의 성격과 태도, 지식 수준을 알기 위해서 토론 면접을 보는 회사가 있습니다.

• 자주 나오는 토론 주제
① 존엄사
② 사형제도
③ 공공장소 CCTV 설치
④ 공공장소 흡연
⑤ 외국어 조기 교육
⑥ 어린이 제한 구역
⑦ 소년법
⑧ 최저임금 인상

 ## 면접을 볼 때의 주의점

일반 사무직

 복장

정장 : 검정이나 어두운 청색, 어두운 회색 정장이 좋습니다.
셔츠 : 흰색이나 옅은 파란색, 옅은 분홍색이 좋습니다.
넥타이 : 밝은 느낌의 색깔, 복잡하지 않은 무늬가 좋습니다.
스커트 : 화려한 색깔이나 여성스러운 원피스는 좋지 않습니다.

 화장

진한 화장은 좋지 않습니다. 매니큐어나 화려한 액세서리도 피해야 합니다.
화장은 가볍게 하도록 합니다.

 머리 스타일

진한 염색, 화려한 파마는 피해야 합니다. 드라이로 머리를 깔끔하게 정리하는 것도 괜찮습니다. 여자의 경우, 단발머리나 적당한 길이의 생머리는 괜찮지만, 긴 머리는 깔끔하게 묶는 것이 좋습니다.

 태도

밝고 힘 있는 태도로 면접을 보는 것이 좋습니다. 바른 자세로 앉아 있어야 하고, 질문을 받았을 때는 정확한 발음으로 크게 말해야 합니다. 다른 지원자가 대답하는 동안 다른 곳을 보는 것은 좋지 않습니다.

디자인 계열

 복장

디자인 계열은 면접을 볼 때 자신의 개성을 보여 주는 옷도 나쁘지는 않습니다. 그렇지만 면접을 보는 것이기 때문에 깔끔한 느낌을 보여 주는 것이 좋습니다. 후드가 달린 티셔츠에 청바지, 운동화와 같은 복장은 예의에 어긋납니다. 개성을 보여 주면서 예의에 어긋나지 않는 의상으로 적절히 선택해야 합니다.

 화장과 머리 스타일

너무 많이 화려하지 않게 꾸미는 것이 좋습니다. 나의 개성을 보여 주는 것도 중요하지만, TPO(Time, Position, Occasion)에 맞게 입는 것 또한 나를 보여 주는 것입니다.

더 알아보기

#부서와 직급

드라마 미생의 무대가 되었던 종합상사 '(주)원 인터내셔널' 조직도를 참조해서 한국 기업의 부서에 대해서 알아봅시다.

일반부서나 팀의 직급

- 인턴사원 : 정식 사원이 되기 전 과정
- 사원 : 정규직에서 가장 기본이 되는 직위
- 대리(계장/주임) : 사원보다 위의 직급으로 담당자급 업무를 수행하는 사람
- 팀장(과장) : 각 팀을 총괄하는 관리자
- 차장 : 부장 직무 대행이 가능한 관리자
- 부장 : 각 부서를 책임지는 관리자

 ## 임원의 직급

- 이사 : 대기업의 경우 그룹장에 해당, 특정 부분을 맡거나 회사 전반의 경영에 참여하는 사람
- 상무 : 사장과 부사장을 보좌하면서 회사의 일상적인 일을 중심으로 관리하는 사람
- 전무 : 사장과 부사장을 보좌하면서 회사의 전체적인 일을 총괄하는 사람
- 부사장 : 사장을 대신하여 단독 결정을 내릴 수 있는 임원
- 사장 : 회사 전체를 책임지는 경영자
- 부회장 : 회장을 대신하여 단독 결정을 내릴 수 있는 임원
- 회장 : 회사 전체를 책임지는 경영자

회사 생활

좌우명　座右の銘
입사 후 포부　入社後の抱負
선택하다　選択する
면접관　面接官
지원 분야　志願分野
과제　課題
토론　討論、ディスカッション
근거를 들다　根拠をあげる
존엄사　尊厳死
사형제도　死刑制度
공공장소　公共場所
CCTV 설치　CCTV設置
흡연　喫煙
금연　禁煙
조기 교육　早期教育

어린이 제한 구역　子ども制限
　　区域
소년법　少年法
최저임금　最低賃金
일반 사무직　一般事務職
복장　服装
정장　スーツ
셔츠　シャツ
넥타이　ネクタイ
색깔　色
무늬　模様
스커트　スカート
화장　化粧
매니큐어　マニキュア
액세서리　アクセサリー

머리 스타일　ヘアスタイル
진한 염색　濃い色のカラー
　　（に髪を染めること）
파마　パーマ
단발머리　短髪
적당한 길이　適切な長さ
바른 자세　正しい姿勢
정확한 발음　正確な発音
디자인 계열　デザイン系列
개성　個性
청바지　ジーンズ
운동화　スニーカー
예의에 어긋나다　礼儀に反する
의상　衣装

 조사하기 · 생각하기 · 발표하기

▶1 한국과 일본의 면접 형태에 대해서 비교해 봅시다.

▶2 관심이 있는 한국의 기업에 대해 조사해 봅시다(기업의 특색, 복지 제도 등).

▶3 그 기업의 주요 부서와 흥미있는 분야에 대해서 알아봅시다.

韓国の企業では、一般的に3種の面接を実施しています。

1　一般面接

一般面接は、会社によって志願者の1名〜3名程度で実施することが多いです。

- よくある質問

①　自己紹介：自己紹介をしてください。

②　志願動機：志願した理由を述べてください。

③　性格：ご自身の性格を教えてください。長所と短所は何ですか。

④　座右の銘：座右の銘は何ですか。

⑤　入社後の抱負：入社したら、何がしたいですか。

2　PT面接

PT面接とは、志願した分野と関連のあるテーマを選択して発表する面接で、プレゼンテーション面接ともいいます。面接官はPT面接を通して、志願者が志願分野についていかに勉強しているか（知っているか）、いかに発表を上手に行うか、態度が良いかどうかなどが把握できます。

- よく出願されるPT課題

①　自身を代表できる単語（語彙）で自己紹介をし、弊社が自身を採用すべき理由を説明してください。

②　弊社の長所と短所を指摘した上で 会社がよりよくなるための方法を発表してください。

3　討論（ディスカッション）面接

あるテーマに対して理由・根拠に基づき主張することが討論（ディスカッション）ですが、志願者の性格と態度、知識レベルを知るために、この討論（ディスカッション）面接を行う会社があります。

- よく出題される討論（ディスカッション）テーマ

①　尊厳死

②　死刑制度

③ 公共場所でのCCTV設置

④ 公共場所での喫煙

⑤ 外国語の早期教育

⑥ 子ども制限区域

⑦ 少年法

⑧ 最低賃金の引き上げ

面接時の注意点

一般事務職

服装

・スーツ：ブラックやネイビー、グレーのスーツが良いです。

・シャツ：ホワイトや淡いブルー淡いピンクが良いです。

・ネクタイ：明るい感じの色、複雑な模様が入っていないものが良いです。

・スカート：派手な色やワンピースは避けましょう。

化粧

濃い化粧は避けましょう。マニキュアや派手なアクセサリーも避けるべきです。化粧をしなくてもだめです。化粧は軽い感じで良いです。

ヘアスタイル

濃い色のカラー、派手なパーマは避けるべきです。ドライヤーで髪をきれいにまとめることも良いです。女性の場合、短髪や適切な長さのストレート髪は良いですが、長い髪の場合はきれいに縛りましょう。

態度

明るく、元気のある態度で面接を受けましょう。正しい姿勢で座り、質問を受けた際には、正確な発音かつ大きな声で、明確にきちんと答えます。他の志願者が答えている間

は、よそ見したりしない方が良いです。

デザイン職

▶ 服装

デザイン系の職種では、面接を受ける時、自身の個性をアピールするための服装も悪くないです。しかし、面接を受けるので、すっきりした感じに見せることが大切です。フードが付いたT-シャツにジーンズ、スニーカーのような服装は礼儀に反します。個性をアピールしながら、礼儀に反しない衣装を適切に選択すべきです。

▶ 化粧とヘアスタイル

派手すぎないようにした方が良いです。自分の個性を見せることも重要ですが、TPO (Time, Position, Occasion)に合わせて着ることも自分を見せることとなるため、十分に気をつけましょう。

12 편입학 유학 준비

 12-1

오이타현립예술문화단기대학과 한국의 부산외국어대학교는 3학년 편입학 협정을 맺고 다양한 국제 교류를 진행하고 있습니다. 오이타현립예술문화단기대학 졸업 예정자 중에서 일정한 기준을 만족시키는 학생은 부산외국어대학교 학부 3학년으로 편입학을 할 수 있습니다. 오이타현립예술문화단기대학 학장의 추천을 받은 학생은 수험 전형료, 입학금의 면제 혜택를 받을 수 있으며, 성적에 따라 수업료 할인, 수업료 1년 면제 특전도 받을 수 있습니다. 한국 유학을 염두에 두고 있는 학생은 학부 편입학 유학에 꼭 한번 도전해 보세요.

 ## 제출서류

한국의 4년제 대학의 3학년 편입학 수험시에 제출하는 서류 중에는 일반적으로 편입학 지원서와 자기소개서, 학업계획서 등이 있습니다(그 외 각종 증명서 등 증빙 서류가 필요하니까 사전에 꼭 확인하세요).

 ## 자기소개서와 학업계획서를 작성해 봅시다.

▶ 한국어로 작성한다.

▶ 지원자 본인이 직접 작성한다.

▶ 자필로 작성하되 내용을 잘 알아볼 수 있도록 작성한다.

▶ 분량은 2 페이지(A4, 단면) 이내로 하며 서술식으로 작성한다.

#자기소개서

▶ 자기소개서에서는 아래의 항목을 구체적으로 서술하는 것이 중요합니다.

• 재학기간 중 자신의 진로와 관련하여 어떤 노력을 해 왔는가.

• 본인에게 의미있는 학습 경험과 교내 활동은 어떠한 것인가.

• 자신이 가고 싶은 학과를 지정해서 진로와 연관시켜서 기술한다.

• 진로 관련 독서 등을 예를 들어 자신이 그 분야에 집중하고 있다는 것을 증명한다.

• 타인과 공동체를 위한 경험과 이를 통해서 배운 점을 구체적으로 기술한다.

→동아리 활동, 봉사 활동, 아르바이트 등 타인과 협업한 일을 언제·어디서·무엇을·
  어떻게·왜·성과 등을 중심으로 쓰고, 그 과정에서 발생한 과제와 문제를 어떻게 해
  결했는지, 나아가 긍정적인 결과를 만들어 내기 위해서 노력한 방법 등을 구체적으로
  기술한다.

• 입학 후에도 어떤 모습을 보여줄 것인가.

#학업계획서

지원하는 대학에 합격했다는 가정하에 편입학 후에 대학생활을 어떻게 보낼 것인지 구체
적으로 기재하여 제출하는 문서

#편입학 지원 동기

1. 편입학 지원 대학의 홈페이지 등을 참조하여 학부와 학과 특징을 분석한다.
   특히 추구하는 학습 목표나 학과 활동 등을 꼼꼼히 살펴본다.

2. 학과 안의 동아리 활동, 학회, 교환 학생 프로그램, 봉사 활동 등을 통해, 졸업 후 어
   떤 곳에 취업을 할 수 있는지까지 예상 분석해 본다.

3. 편입학 하기 위해 준비한 활동에 대해서, 어떠한 계기로 시작했고, 어떤 식으로 해
   왔고, 또 그 성과 등이 편입학 후에도 많은 공헌, 도움이 될 것 같다고 강조한다.

4. 편입학 후 어떤 학생이 되고 싶은지 구체적으로 쓴다.
   본인이 가진 역량과 능력이 부합하는 곳이 바로 이 학교이며, 그렇기 때문에
   어떤 학생이 되고 싶은지 자신만의 비전을 구체적으로 적는다.

5. 마지막은 포부나 목표로 마무리짓는다.

#선배(졸업생 N.C씨) 메세지

   고등학생 때부터 꿈이었던 한국 유학을 위해서, 오이타현립예술문화단기대학의 국제종합
학과에 입학했습니다. 입학 당시 한국어 실력은 기초 수준이었지만, 담당 교수님의 지도 덕
분에 오이타현 한일친선협회 주최의 한국어 스피치 대회에서 최우수상을 수상할 정도로 레벨
을 향상시킬 수 있었습니다. 졸업 후, 부산외국어대학교 한국어문화교육원에서 6개월 정도 단

기 어학연수를 마치고 글로벌 비지니스학부로 3학년 편입학을 할 수 있게 되었습니다. 국제 무역·마케팅 코스를 선택했는데, 해외 유학생 친구들 덕분에 세계 각지의 문화를 접할 기회도 많았습니다. 유학 당시에는 한국어 강의에 대한 불안감도 있었지만, 부산외대에서는 유학생을 위한 강의와 연수 프로그램도 많기 때문에 좋은 학습 환경에서 유학 생활을 보낼 수 있었습니다.

*졸업생 N.C씨

2019년 3월 오이타현립예술문화단기대학 국제종합학과 졸업

2019년 9월 부산외국어대학교 글로벌 비즈니스학부 3학년 편입학(수업료 면제 혜택)

2021년 8월 부산외국어대학교 글로벌 비즈니스학부 졸업후, 한국 기업에 입사

*출처『大分県立芸術文化短期大学　国際総合学科 学科案内2021』7頁。

어휘 · 표현

외국어 外国語	분량 分量	만들어 내다 作り出す
편입학 編入学	서술식 叙述式	합격 合格
협정을 맺다 協定を結ぶ	재학 기간 在学期間	가정 仮定
국제 교류 国際交流	교내 활동 校内活動	분석하다 分析する
졸업 예정자 卒業予定者	연관시키다 関連させる	특히 特に、とりわけ
기준을 만족시키다 基準を満たす	독서 読書	추구하다 追究する
학장 추천 学長推薦	예를 들다 例を挙げる	꼼꼼히 綿密に、詳細に
수험 전형료 受験料	집중하다 集中する	살펴보다 検討する
입학금 入学金	증명하다 証明する	교환 학생 交換学生
면제 免除	타인 他人	프로그램 プログラム
특전 特典	공동체 共同体	취업 就業、就職
염두에 두다 念頭に置く	동아리 サークル	계기 契機、きっかけ
도전하다 挑戦する	봉사 ボランティア	역량 力量
제출 서류 提出書類	협업 協業	부합하다 一致する、符合する
지원서 志願書	성과 成果	비전 ビジョン
자기소개서 自己紹介書	해결하다 解決する	포부 抱負
학업계획서 学業計画書	나아가 ひいては	마무리짓다 まとめる
자필 直筆	긍정적인 결과 肯定的な結果	

조사하기 · 생각하기 · 발표하기

1 관심이 있는 한국의 대학을 조사해 봅시다(대학의 특색, 장학금 제도 등).

2 관심이 있는 학부와 학과, 전공에 대해서 알아봅시다.

자기소개서

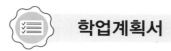

학업계획서

本文の日本語訳

　大分県立芸術文化短期大学と韓国の釜山外国語大学は、3年次編入学協定を締結し、様々な国際交流を行っています。大分県立芸術文化短期大学の卒業予定者で、一定の基準を満たす学生は、釜山外国語大学の学部3年次として編入学できます。大分県立芸術文化短期大学の学長推薦を受けた学生は、入試受験料、入学金の免除を受けられますし、成績によって授業料の割引や授業料1年間免除の特典を受けることができます。韓国へ留学をしてみたい学生は、編入学留学にぜひチャレンジしてみてください。

 ## 提出書類

　韓国の4年制大学の3年次編入学受験に提出する一般的な書類の中には、編入学志願書と自己紹介書、学業計画書などがあります（その他に、各種の証明書などが必要となりますので、必ず事前にご確認ください）。

 ## 自己紹介書と学業計画書を作成してみましょう。

1. 韓国語で作成する。

2. 志願者本人が直接作成する。

3. 直筆で作成するが、内容がよくわかる（確認できる）ようにきれいに作成する。

4. 分量は2頁（A4、片面）以内にするが、叙述式として作成する。

13 한국어학연수

13-1

　오이타현립예술문화단기대학 재학생은 여름방학을 이용하여 한국어학연수 프로그램에 참가할 수 있습니다. 한국 생활을 통해 한국인 친구들과 교류하며 다양한 한국문화를 체험할 수 있습니다. 한국어학연수 프로그램은 부산외국어대학교 한국어문화교육원에서 실시하며, 한국어 수업 이외에도 한국요리, 한복, 노래, K-POP댄스, 캘리그래피(calligraphy)등 다양한 체험교실 프로그램도 마련되어 있습니다.

한국인 재학생들과의 교류회

한국어학연수 프로그램 수업풍경

한국요리 체험

1박 2일 여행

더 알아보기

#오이타현립예술문화단기대학 #국제종합학과 #한국학연구실

오이타현립예술문화단기대학 국제종합학과 한국학 연구실에서는 한국어와 한국문화, 사회 관련 과목을 다양하게 배울 수 있습니다. 아래의 동영상에서 한국학 연구실의 1년간 활동을 확인해 보세요!

오이타현립예술문화단기대학 국제종합학과 한국학 연구실 소개영상
大分県立芸文短大　国際総合学科　韓国学(朴)研究室の紹介動画
https://www.youtube.com/watch?v=−t4LcnMOR0U

 어휘 · 표현

한국어학연수　韓国語学研修	프로그램　プログラム	다양한　様々な
추억　追憶、思い出	참가하다　参加する	한국요리　韓国料理
기록　記録	신청자　申請者	한복　韓服
남기　残す	에 한하다　に限る	캘리그래피　カリグラフィー
재학생　在学生	생활하다　生活する	체험교실　体験教室
여름방학　（学校の）夏休み	도우미　サポーター	마련되어 있다　設けられている
을/를 이용하다　を利用する	교류하다　交流する	

 조사하기 · 생각하기 · 발표하기

1 어학연수에서 가장 재미있었던 에피소드는 무엇입니까?

2 다시 가보고 싶은 장소는 어디입니까?

3 어학연수 참가 후에 한국어 실력은 어느 정도 늘었다고 생각합니까?

4 한국생활을 도와준 한국 친구에 대해서 소개해 봅시다.

5 그룹별로 어학연수에 관한 추억을 사진모음이나 동영상으로 만들어 봅시다.

本文の日本語訳

　大分県立芸術文化短期大学の在学生は、夏休みを利用して韓国語学研修のプログラムに参加できます（申請者に限る）。韓国で生活しながら、サポーターの韓国人の友だちと交流し、様々な韓国文化を体験することができます。プログラムは、釜山外国語大学の韓国語文化教育院で実施されますが、韓国語授業の他、韓国料理、韓服、歌、K–POPダンス、カリグラフィーなどの様々な体験教室プログラムも設けられています。

한국에서의 대학 생활

진로관련

나의 학생시절

학생시절에 특히 노력했던 점에 대해서 써 봅시다.

주요 경험 사례, 학업, 동아리 활동, 학외 활동, 어학연수, 유학, 아르바이트 등

중학교시절	학창시절에 노력했던 점 (한 문장으로 간결하게 쓰기)
	그 활동을 하게 된 계기와 이유는 무엇입니까?
	그 활동을 하는 데 있어서 어떠한 목표를 세웠습니까?
	그 활동을 하는 데 있어서 어떠한 과제와 어려움이 있었습니까?
	그 과제를 해결하기 위해서 어떠한 행동과 노력을 했습니까?
	그 결과 어떻게 되었습니까? (성과)
	그 경험에서 배운 점, 얻은 교훈은 무엇입니까?

고교시절	학창시절에 노력했던 점 (한 문장으로 간결하게 쓰기)
	그 활동을 하게 된 계기와 이유는 무엇입니까?
	그 활동을 하는 데 있어서 어떠한 목표를 세웠습니까?
	그 활동을 하는 데 있어서 어떠한 과제와 어려움이 있었습니까?
	그 과제를 해결하기 위해서 어떠한 행동과 노력을 했습니까?
	그 결과 어떻게 되었습니까? (성과)
	그 경험에서 배운 점, 얻은 교훈은 무엇입니까?
대학시절	학창시절에 노력했던 점 (한 문장으로 간결하게 쓰기)
	그 활동을 하게 된 계기와 이유는 무엇입니까?
	그 활동을 하는 데 있어서 어떠한 목표를 세웠습니까?
	그 활동을 하는 데 있어서 어떠한 과제와 어려움이 있었습니까?
	그 과제를 해결하기 위해서 어떠한 행동과 노력을 했습니까?
	그 결과 어떻게 되었습니까? (성과)
	그 경험에서 배운 점, 얻은 교훈은 무엇입니까?

※성과나 실적이 없는 경우에도 노력한 점과 그 경험을 통해서 느끼고 배운 점에 대해서 써 봅시다.

나의 장점

장점 1

* 장점을 발휘한 에피소드

* 이 장점은 일하는 데 있어서 어떻게 활용할 수 있을까요?

장점 2

* 장점을 발휘한 에피소드

* 이 장점은 일하는 데 있어서 어떻게 활용할 수 있을까요?

장점 3

* 장점을 발휘한 에피소드

* 이 장점은 일하는 데 있어서 어떻게 활용할 수 있을까요?

나의 단점

단점 1
단점에 대해서 어떻게 생각합니까? 어떤 부분을 고치고 싶다고 생각합니까?
단점을 극복, 개선하기 위해서는 어떠한 노력이 필요하다고 생각합니까? 실제로 개선하기 위해서 노력하고 있는 점이 있으면 구체적으로 써 보세요.

단점 2
단점에 대해서 어떻게 생각합니까? 어떤 부분을 고치고 싶다고 생각합니까?
단점을 극복, 개선하기 위해서는 어떠한 노력이 필요하다고 생각합니까? 실제로 개선하기 위해서 노력하고 있는 점이 있으면 구체적으로 써 보세요.

단점 3
단점에 대해서 어떻게 생각합니까? 어떤 부분을 고치고 싶다고 생각합니까?
단점을 극복, 개선하기 위해서는 어떠한 노력이 필요하다고 생각합니까? 실제로 개선하기 위해서 노력하고 있는 점이 있으면 구체적으로 써 보세요.

자기 PR

자신의 장점 중에서 나에 대해서 가장잘 표현할 수 있는 에피소드를 선택해서 자기 PR을 작성해 봅시다. PREP법 구성을 이용해서 결론부터 쓰세요.

1 P(Point) 결론 나의 강점을 한문장으로 써 봅시다.	
2 R(Reason) 이유 나의 강점을 발휘했던 경험을 간단하게 써 봅시다.	
3 E(Example) 구체적인 에피소드 구체적인 내용을 아래의 순서에 맞춰 써 봅시다. 가 상황 나 사고 다 행동 (노력했던 점) 라 결과 마 배운 점, 느낀 점	
4 P(Point) 결론과 전망 나의 강점을 사회생활에서 어떻게 적용시킬 것인지 포부에 대해 정리 해 봅시다.	

【자기 PR을 작성할 때 주의할 점】
① 장점의 경우 지망 직종에서 원하는 능력, 자질에 맞도록 작성할 것.
② 에피소드를 쓸 때 숫자나 고유 명사 등 구체적으로 기입할 것.
③ 너무 많은 장점을 나열하면 결국 어떠한 생각과 사고를 가진 인물인지 파악하기 어렵다는 인상을 주기 때문에 역효과를 볼 수 있다. 자기 PR은 하나로 정리하는 것이 그 사람의 특징 이나 사고방식 등을 더 확실하게 전달할 수 있다는 것을 명심한다.

기업 분석

기업 기본 정보			
기업명			
대표자명		창립 연도	
기업이념 비전 / 미션			
사업내용			
주력사업 / 제품		자본금	
총매출 (과거 3년간 추이)		영업 이익 (과거 3년간 추이)	
주요 고객		경쟁 기업	
다른 기업과 차이점			
모집 요건		원하는 인재상	

근로 환경			
기업 분위기			
고객층		주요 부서	
업무 스타일		업무 수행 능력	
사원 평균 연령		평균 근속 연수	
그 외			

조건			
급여		각종 수당	
휴일		연수 제도	
근무지		그 외	

취업 시험 스케줄			
서류 제출 마감일		필요 서류	
면접 일정			
메모			

노력　努力	고유 명사　固有名詞	경쟁 기업　競争企業
가능하면　可能であれば	기입하다　記入する	모집 요건　募集要件
사례　事例	결국　結局	원하는 인재상　求める人材像
학외 활동　学外活動、課外活動	인상을 주다　印象を与える	근로 환경　勤労環境
아르바이트　アルバイト	역효과　逆効果	기업 설명회　企業説明会
이유　理由	유의하다　留意する	필수　必須
목표를 세우다　目標を立てる	특징　特徴	기업 분위기　企業雰囲気
어려움　大変さ、難しさ	확실하다　確実だ	고객층　顧客層
얻은 교훈　得られた教訓	전달하다　伝える、伝達する	수행능력　遂行能力
실적　実績	개선하다　改善する	평균 연령　平均年齢
느끼다　感じる	실현　実現	근속 연수　勤続年数
장점　長所	기업 분석　企業分析	급여　給与
단점　短所	기업명　企業名	각종 수당　各種手当
고르다　選ぶ	대표자명　代表者名	휴일　休日
발휘하다　発揮する	창립 연도　創立年度	연수 제도　研修制度
에피소드　エピソード	기업 이념　企業理念	근무지　勤務地
결론　結論	사업 내용　事業内容	취업 시험　就職試験
순서에 맞추다　順番に合わせる	주력 사업　注力事業	마감일　締切日
적용시키다　適用させる	제품　製品	면접 일정　面接日程
주의점　注意点	자본금　資本金	메모　メモ
지망 직종　志望職種	총매출　総売上	
자질　資質	영업 이익　営業利益	

【出典】各シートの原文（日本語）は、『進路の手引2023』で確認できます。なお、『進路の手引2023』の関連個所の掲載については、大分県立芸術文化短期大学・進路支援室の許可を得ています。

OITA
PREFECTURAL
COLLEGE OF
ARTS AND CULTURE

이　력　서

년　월　일 현재

후리가나			성별	사진
성　명			남·여	세로 4cm×가로 3cm 뒷면에 학교명과 성명 기입
생년월일	년　월　일생 만（　）세			
후리가나				전화번호
현주소	〒　－			（　　）　－
E-mail				
후리가나				전화번호
연락처	〒　－　（현주소 이외에 연락을 희망하는 경우만 기입）			（　　）　－

년	월	학　력·경　력

자 기 소 개 서

	대학	전공과 학과	전공 코스
지 원 동 기			
자 기 P R			
특 기 과 목 및 연 구 과 제			
스 포 츠 · 문 화 활 동 및 과 외 활 동 등			
취 미 · 특 기			

	취 득 연 월	내 용
자 격 · 면 허		

일반 면접

시간 : 1명 15분~30분
복장 : 취업용 정장

No.	면접 흐름과 순서	주의할 점
1	**[면접전]** · 지각하지 않도록 면접시작 15분 전에 도착한다. · 늦어질 것 같은 상황이 발생하면, 즉시 채용 담당자에게 연락한다.	· 너무 빨리 가지 않도록 주의한다. · 건물에 들어가기 전에 코트 등은 벗어서 손에 들고 간다. · 핸드폰 전원은 끈다.
2	**[접수]** · 큰 소리로 인사하고 학교명, 이름을 말한다. · 회사 직원과 마주치면 가볍게 목례한다.	· 방문목적을 전한다. · 접수 담당자의 지시를 잘 듣는다. · 정중한 말을 사용하도록 주의한다.
3	**[대기실]** · 이름이 호명될 때까지 조용히 기다린다. · 이름이 호명되면 대답하면서 일어나고, 담당자의 지시에 따른다.	· 지인을 만나도 대화하지 않는다. · 핸드폰을 만지지 않는다. · 자료나 노트 등은 열람해도 좋다.
4	**[입실]** · 문을 3번 노크하고 '들어 오세요'라는 말이 들리면 조용히 문을 연다. · 문 손잡이를 잡은 채로 가볍게 목례하고, 입실한 후 양손으로 문을 닫는다. · 정면을 향해 자세를 바로 잡고 눈을 맞춘다. · '실례하겠습니다'라고 말한 후에 머리 숙여 인사한다. · 면접관 지시가 있으면 의자 옆으로 이동한다. · 자기소개(학교명, 학과, 성명)를 하고, 마지막에 '잘 부탁드리겠습니다'라고 말하며 머리 숙여 인사한다. · 착석 지시가 있으면 '실례하겠습니다'라고 말하며 목례하고 착석한다. · 의자 등받이와 등 사이는 간격을 둔다. · 여성은 손을 모아서 다리 위 중앙에 올린다. 남성은 가볍게 주먹을 쥐고 허벅지 위에 올린다. · 여성은 뒷꿈치와 무릎을 모으고, 남성은 주먹 2개 정도 다리 사이의 간격을 둔다.	· 면접관과 시선을 맞춰서 목례한다. · 등이나 뒷모습을 보이지 않게 한다. · 손발 끝까지 의식하며 손발 움직임에 주의한다. · 인사할 때는 같은 표현이 반복되지 않도록 주의한다. · 지시가 있을 때까지 착석하지 않는다. · 등받이와 등은 주먹 1개 정도의 거리를 둔다.
5	**[면접]** · 면접관의 눈을 보면서 말한다. · 면접관이 여러 명일 경우는 질문 면접자를 향해서 답변한다. · 면접관의 질문을 잘 듣는다. 의미가 이해되지 않았을 때는 바로 확인한다.	· 상대방의 눈을 중심으로 얼굴 전체를 본다. · 산만하게 주위를 둘러보거나 시선을 아래로 두거나 하지 않는다. · 암기한 것 같은 말투로 말하지 않는다.
6	**[퇴실]** · 면접관이 '면접 종료'라고 하면 '네'라고 대답하고, 의자 왼쪽 옆에 바른 자세로 선다. · 면접에 대한 감사 인사를 한다. · 정중하게 인사하고 문쪽으로 이동한다. · 문을 나오기 전에 면접관에게 '감사합니다'라고 말하고 머리 숙여 인사한다. · 문 손잡이를 잡고 목례하고 양손으로 문을 조용히 닫는다. · 대기실로 돌아가서 담당자의 지시를 기다린다.	· 인사는 눈을 맞추고 나서 또렷한 목소리로. · 반절은 정중한 마음을 담아 천천히. · 뒷모습도 항상 의식하고 바른 자세를 유지하도록 한다. · 문을 열고 닫을 때에는 소리가 나지 않게 양손으로 열고 닫는다. · 건물을 나올 때까지 긴장감을 유지한다.

(1) 자기PR에 관한 질문

> ⠿· 당신의 장점과 단점을 말해 주세요.
>
> ⠿· 학교 생활에서 가장 노력한 점은 무엇입니까?
>
> ⠿· 자기소개를 하세요.
>
> · 소속 학과의 내용, 특색에 대해 설명해 보세요.
>
> · 졸업논문(졸업작품) 내용에 대해 말해 보세요.

(2) 지망동기에 관한 질문

> ⠿· 회사에 지원한 동기가 무엇입니까?
>
> ⠿· 회사에 어떠한 공헌을 할 수 있습니까?
>
> !· 이 업계에 흥미를 가진 이유는 무엇입니까?
>
> · 학창 시절의 활동 중에서 입사 후 도움이 될 것 같은 무엇입니까?
>
> ⠿· 다른 회사에도 지원했습니까?

(3) 직업관, 시사 문제 등에 관한 질문

> ⠿· 아르바이트 경험이 있습니까?
>
> 어떠한 경험이 있는지, 힘들었던 점, 배웠던 점을 말해 보세요.
>
> ⠿· 상사와 생각이 다른 경우는 어떻게 대처합니까?
>
> · 잔업에 대해서 어떻게 생각합니까?
>
> ⠿· 최근에 흥미나 관심이 있는 뉴스는 무엇입니까?
>
> · 일하는 법 개혁에 대해서 설명해 보세요.
>
> · 시사용어 (예:지구 온난화, 에너지 문제, 저출산 고령화 등)에 대해서 설명해 보세요.
>
> · 휴일 관리는 어떻게 하고 있습니까?
>
> ⠿· 건강 관리를 위해 노력하고 점을 말해 보세요.
>
> !· 당신에게 있어서 취업이란 무엇입니까?

(4) 공무원 시험 면접(상기의 질문 외에 추가되는 내용)

> ⠿· 공무원을 지망하는 동기와 포부를 말해 보세요.
>
> ⠿· 희망하지 않는 부서에 배속될 경우 어떻게 할 것입니까?
>
> · 최근 공무원에게 기대하는 점은 무엇이라고 생각합니까?
>
> · 전근 가능성이 있는데 괜찮습니까?
>
> · 자택에서 여기까지는 어떻게 왔습니까?

지원동기 사례

오이타현립예술문화단기대학 학과별 취업 내정자가 작성한 '지원동기'입니다. 선배들의 '지원동기'는 학교 진로지원실에서 제공받은 것이며, 후배들의 취업 활동에 도움이 될 수 있도록 내정자들의 동의를 얻어 게재하게 되었습니다.

1) 음악과 : Y사 음악교실 내정

귀사를 지원하는 이유는 다채로운 표정을 가진 피아노를 통해서 음악의 매력을 전달하는 지도자가 되고 싶기 때문입니다. 저희 집에서는 유년기 때부터 귀사에 피아노 조율을 부탁했습니다. 조율 기술이 높을 뿐만 아니라, 조율사님의 친절하고 정중한 대응에 늘 감명을 받았습니다. 또한 귀사가 개최하는 공개 레슨에서는 연주 기술 향상 이외에도 피아노의 역사 등 음악에 관한 지식을 심화시킬 수 있었습니다. 지도자 양성에 주력하고 있는 귀사에 입사한다면, 연주가로서도 지도자로서도 제 자신의 능력을 더욱 발휘할 수 있다고 확신하기 때문에 귀사를 지원하게 되었습니다. 입사를 하게 된다면 이벤트 운영 보조 작업을 통한 피아노 지도자 능력을 습득하고 기술력도 향상시키고 싶습니다. 나아가 많은 분들에게 피아노의 즐거움을 전할 수 있도록 노력하겠습니다.

2) 미술과 : T가구 설계 내정

고객님께서 대대로 사용하실 수 있는 고품질의 제품을 만들고, 사람들의 행복한 주거 생활에 공헌하고 싶어서 설계와 디자인 직종에 지원하게 되었습니다. 귀사는 창업 후 100년이라는 긴 세월 동안 「○○○○○」와 같은 고객의 바램을 최우선시하는 시설과 가구를 자사에서 제조하고 있습니다. 개발에서 영업, 시공까지 일관된 공정을 실행하고 있는 귀사라면, 생산 담당과 영업 담당이 하나의 마음으로 고객의 소리를 반영하여 제품을 만들 수 있다고 생각하여 지원하게 되었습니다. 저는 사용자에게 맞춘 최적의 모양을 연구하고, 사람, 제품, 일의 관계성을 고려하며 디자인하는 것을 최우선으로 여기고 있습니다. 대학에서 배운 지식을 발휘하여 귀사의 일원으로서 자부심을 가지고 일하고 싶습니다.

3) 국제종합학과 : P사 제조업 내정

저의 강점을 발휘하여 보다 많은 고객님들에게 귀사 제품인 '쾌적 공간' 시리즈를 판매하고 싶어서 지원하였습니다. 귀사는 사람들의 생활에 꼭 필요한 '빛'을 생산해 낼 뿐만이 아니라, 장소와 사용법에 맞는 조명 기구를 개발하고, 그 공간에 있는 누구라도 쾌적하게 생활할 수 있도록 중점을 두면서 고객님들의 의견에 귀 기울이는 점에 큰 매력을 느

껐습니다. 또한 '별 하늘에 부드러운 조명' 시리즈에서는 조명을 보는 사람과 자연환경을 배려하고 있는데, 이러한 귀사의 제품을 더 많은 고객님들에게 전하고 싶다고 생각했습니다. 고객님의 의견을 경청하고 공감하는 자세로 많은 고객분들에게 쾌적한 주거 공간을 마련해 드리고 싶습니다.

4) 정보커뮤니케이션학과 : H 은행 금융업 내정

귀사에서 지역 경제의 발전을 위해 노력하면서 튼튼한 기반을 가진 '강한 오이타'를 만들어 나가는 데 공헌하고 싶습니다. 학교 강의에서 저출산 고령화, 인구 전출, 그리고 이러한 요인으로 인한 중소기업의 후계자 부족 문제 등 '약해져 가는 오이타'의 과제점에 대해 배우게 되었습니다. 그리고 이러한 과제점은 돈(자본)과 뗄레야 뗄 수 없는 관계라는 것도 알게 되었습니다. 금융기관이라면 오이타현을 강하게 만드는 기반을 지원할 수 있다고 생각합니다. 금융기관 중에서도 귀사를 지원한 이유는, 귀사가 주력하고 있는 "○ 서포트 업무"에 매력을 느꼈기 때문입니다. 각 기업 단위의 서포트 뿐만 아니라, Seeds를 가진 기업과 Needs를 가진 기업을 연결하는 것으로 새로운 지역 네트워크를 창출해 내고, 나아가 더욱 '강한 오이타'를 만들어 낼 수 있다고 생각합니다. 입사 후에는 상대방을 배려하는 소통 자세와 저의 강점인 업무 수행 의욕을 무기로, 지역 경제 발전을 위해서 최선을 다하고 활기 넘치는 '강한 오이타'를 만들 수 있도록 노력하겠습니다.

志願動機の事例

　大分県立芸術文化短期大学の学科別内定者の「志願動機」です。先輩の「志願動機」は、大学の進路支援室から提供されたもので、後輩の就職活動に役立つようにと、内定者からの同意を得て掲載しています。

1）音楽科：Y社・ピアノ教室内定

　貴社を志望する理由は、多彩な表情を持つピアノを通して音楽の魅力を伝える指導者になりたいからです。私の実家では幼少時から貴社に調律をお願いしており、調律技術の高さのみならず親切丁寧な対応に感銘を受けてきました。また、公開レッスンでは、演奏技術の向上以外にもピアノの歴史等、音楽に関する知識を深めることができました。指導者育成のノウハウが充実している貴社であれば、演奏家としても指導者としても自分を高めることができると確信したため、貴社に志望させていただきました。貴社でイベント運営の補助業務を通してピアノ指導者の在り方を学びながら、スキル習得に励み、多くの方にピアノの楽しさ、素晴らしさを伝えていきたいです。

2）美術科：T社・家具メーカー内定

　お客様に何代にもわたって受け継がれるような高品質の製品を創りだし、人々の心豊かな住生活に貢献したいとの想いから設計・デザイン職を志望いたします。貴社は、創業から100年もの長きにわたり「○○○○○」等のお客様の理想を大切にした設備や家具を自社製造しておられます。開発から営業、施工まで一貫して行っておられる貴社であれば、職人さんや営業の方と一丸となって、お客様の声を反映したものづくりができると考え、志望させていただきました。私は、使う人にとって最適なカタチを勉強してきた中で、ヒト・モノ・コトの関係性を考え、デザインする力を身につけて参りました。大学で培った知識を活かし、貴社の一員として誇りを持って働きたいです。

3）国際総合学科：P社・製造企業内定

　私の強みを生かし、より多くの方に貴社が作り出す快適空間を届けたいと思い志望しました。貴社は、人々の生活に必要不可欠な光を生み出すだけではなく、場所や使い方にあった照明器具を開発し、その場にいる誰もが快適に暮らせることに重きを置き、お客様に寄り添っている所に魅力を感じました。また、「星空に優しい照明」では見え方や自然環境まで配慮されており、このような貴社の製品をもっと多くの人に伝えたいと

思いました。私の強みである傾聴力と共感力でお客様の真のニーズを汲み取り、多くの方に快適な住空間を届けていきたいです。

4）情報コミュニケーション学科：H社・地方銀行内定

　貴行で地域経済の発展に努め、盤石な基盤を持つ「強い大分」を築くことに貢献したいと考えています。私は大学の講義で、少子高齢化や人口転出、それに伴う中小企業の後継者不足といった「弱りゆく大分」の課題を知り、この現状を変えたいと思うようになりました。そして、それらの課題と「お金」は切っても切れない関係にあります。そこで、機関であれば、大分県を強くする基盤づくりができると考えました。中でも特に貴行を強く志望する理由は、貴行が第三の本業として注力されている『〇サポート業務』に魅力を感じたためです。各企業単位でのサポートを超えて、Seedsを持つ企業とNeedsを持つ企業の結びつけを行うことで、地域の中に新たなつながりが生まれ、より「強い大分」に近づくと考えます。入行後は、相手を思いやるコミュニケーションの姿勢と持ち前の学習意欲を武器に地域経済の発展に尽力し、活気あふれる「強い大分」を実現させたいです。

학외활동

아르바이트 경험

학과 学科		아르바이트 장소 アルバイト先	
이름 氏名		아르바이트 기간 アルバイト期間	
아르바이트에서 경험한 업무내용 アルバイトで 体験した業務内容			
아르바이트에서 배우고 느낀 점 アルバイトで 学んだこと			
취업 활동에 도움이 되는 내용 就職活動で 活かせる内容			

아르바이트 경험

학과 学科		아르바이트 장소 アルバイト先	
이름 氏名		아르바이트 기간 アルバイト期間	
아르바이트에서 경험한 업무내용 アルバイトで 体験した業務内容			
아르바이트에서 배우고 느낀 점 アルバイトで 学んだこと			
취업 활동에 도움이 되는 내용 就職活動で 活かせる内容			

봉사활동

학과 学科		봉사 장소 ボランティア先	
이름 氏名		봉사 기간 ボランティア期間	
봉사 활동 내용 ボランティアで 体験したこと			
봉사 활동에서 배우고 느낀 점 ボランティアで 学んだこと			
취업 활동에 도움이 되는 내용 就職活動で 活かせる内容			

봉사활동

학과 学科		봉사 장소 ボランティア先	
이름 氏名		봉사 기간 ボランティア期間	
봉사 활동 내용 ボランティアで 体験したこと			
봉사 활동에서 배우고 느낀 점 ボランティアで 学んだこと			
취업 활동에 도움이 되는 내용 就職活動で 活かせる内容			

인턴십 레포트

학과 学科		기업명 企業名	
이름 氏名		실습기간 実習期間	
인턴십에서 경험한 업무내용 インターンシップで 体験した業務内容			
인턴십에서 배우고 느낀 점 インターンシップで 学んだこと			
취업 활동에 도움이 되는 내용 就職活動で 活かせる内容			

인턴십 레포트

학과 学科		기업명 企業名	
이름 氏名		실습기간 実習期間	
인턴십에서 경험한 업무내용 インターンシップで 体験した業務内容			
인턴십에서 배우고 느낀 점 インターンシップで 学んだこと			
취업 활동에 도움이 되는 내용 就職活動で 活かせる内容			

나의 하루

오늘의 날씨는? 今日の天気は？	
오늘의 기분을 한마디로 표현한다면? 今日の気分を一言で表現するとしたら？	
오늘은 어떤 아르바이트를 했나? 今日はどんなアルバイトをした？	
오늘 공부한 내용은? 今日、勉強した内容は？	
오늘의 취미활동은? 今日の趣味活動は？	
오늘은 어떤 좋은 일을 했나? 今日はどんな良いことをした？	
오늘 이랬으면 더 좋았을텐데…… 今日、こんなことがあったら もっとよかったのに……	
내일 할 일 明日、すべきこと	
자유롭게 쓰기 自由に書いてみよう	

나의 하루

오늘의 날씨는? 今日の天気は？	
오늘의 기분을 한마디로 표현한다면? 今日の気分を一言で表現するとしたら？	
오늘은 어떤 아르바이트를 했나? 今日はどんなアルバイトをした？	
오늘 공부한 내용은? 今日、勉強した内容は？	
오늘의 취미활동은? 今日の趣味活動は？	
오늘은 어떤 좋은 일을 했나? 今日はどんな良いことをした？	
오늘 이랬으면 더 좋았을텐데⋯⋯ 今日、こんなことがあったら もっとよかったのに⋯⋯	
내일 할 일 明日、すべきこと	
자유롭게 쓰기 自由に書いてみよう	

독서기록

책 제목 タイトル		저자 著者	
출판사 出版社		출판년월일 出版年月日	
작가 소개 作者紹介			
읽은 시기 読書時期			
줄거리 あらすじ			
감명 깊었던 부분 感銘を受けたところ			
인상에 남은 구절 印象に残った箇所			
감상 鑑賞			

독서기록

책 제목 タイトル		저자 著者	
출판사 出版社		출판년월일 出版年月日	
작가 소개 作者紹介			
읽은 시기 読書時期			
줄거리 あらすじ			
감명 깊었던 부분 感銘を受けたところ			
인상에 남은 구절 印象に残った箇所			
감상 鑑賞			

감상기록

영화제목 タイトル		각본 脚本	
제작사 製作会社		개봉년월일 公開年月日	
감독 소개 監督紹介			
줄거리 あらすじ			
인상에 남은 장면, 그 이유 印象に残った場面 その理由			
감상 鑑賞			

감상기록

영화제목 タイトル		각본 脚本	
제작사 製作会社		개봉년월일 公開年月日	
감독 소개 監督紹介			
줄거리 あらすじ			
인상에 남은 장면, 그 이유 印象に残った場面 その理由			
감상 鑑賞			

제3부

부록

1

관용표현 • 속담

관용표현 · 속담	慣用表現 · ことわざ
가슴에 맺히다	心に残る
가슴이 먹먹하다	胸が詰まる、胸が苦しい
가슴이 뛰다	心がときめく、心が弾む
고개를 숙이다	頭を下げる、お辞儀をする、謝る
고래 싸움에 새우 등 터진다	強者の争いで弱者がとばっちりを受ける
골치가 아프다	（悩みがあって）頭が痛い
공을 들이다	功を費やす、労力を注ぐ
귀가 얇다	耳が薄い、騙されやすい
귀를 기울이다	耳を傾ける
귓등으로 듣다	うわの空で聞く
깨가 쏟아지다	仲睦まじい
남이 떡이 커 보인다	他人のものは良く見える
낮 말은 새가 듣고 밤 말은 쥐가 듣는다	壁に耳あり障子に目あり
낯이 익다	見覚えがある
내 코가 석자	私の鼻が三択、自分ことで精一杯だ
누워서 떡 먹기	朝飯前、簡単にできること
눈 깜짝할 사이	あっという間
눈이 멀다	目がくらむ
눈코 뜰 새 없다	目が回るほど忙しい

담을 쌓다	縁を切る、関係を断つ
더할 나위 없이	これ以上ないぐらい、申し分なし
뜸을 들이다	焦らす、もったいぶる
마음을 먹다	決心する
마음이 홀가분하다	心が軽い
말이 씨가 된다	言ったことが本当になる
못을 박다	念を押す、釘を刺す
머리를 맞대다	膝を交える、真剣に話し合う
머리를 식히다	頭を冷やす、リラックスする、休む
바가지를 긁다	小言を言う
바람을 쐬다	風に当たる、気分転換をする
발목을 잡다	足を引っ張る、弱みを握る
발 벗고 나서다	積極的に手伝う、真剣に臨む
발이 넓다	顔が広い
병 주고 약 준다	人に被害を与えておいて助ける
비위를 맞추다	腹を合わせる、機嫌を取る
서울에서 김서방 찾기	探すのが非常に困難なこと
속을 썩이다	心配をかける
손꼽아 기다리다	心待ちにする
손을 떼다	手を引く、やめる、中断する
쇠귀에 경 읽기	牛の耳に経読み、馬の耳に念仏
싼 게 비지떡	安もの買いの銭失い
아니 땐 굴뚝에 연기 날까	火のないところに煙は立たぬ

앞뒤를 재다	よく考えて判断する、前後の事をわきまえる
애를 먹다	苦労する、大変な思いをする
어깨를 겨루다	肩を張り合う、互角だ
얼굴이 반쪽이 되다	やつれる
엎질러진 물	覆水盆に返らず、取り返しのつかないこと
열을 올리다	熱中する、興奮する
우물 안 개구리	井の中の蛙
이를 갈다	悔しがる
입에 침이 마르다	しきりに褒める、きわめて褒めちぎる
장난이 아니다	半端ない、すごい
정신이 팔리다	気を取られる
주머니 사정이 나쁘다	懐事情が悪い
죽고 못 살다	目がない、大好きだ
줄을 타다	コネを使う、天下りする
쥐도 새도 모르게	誰も知らないうちに、こっそりと
제 눈에 안경	あばたもえくぼ
진땀을 흘리다	冷や汗をかく、緊張する
찬물을 끼얹다	台無しにする、冷水を浴びせる
첫 단추를 잘못 끼우다	最初を間違うと全てが間違うことになる
체면이 서다	面目が立つ、顔が立つ
총대를 메다	引き受ける、代表になる
치가 떨리다	腹が立つ、うんざりだ
콧대가 높다	プライドが高い、鼻が高い

콧방귀를 뀌다	鼻であしらう、鼻で笑う
콩밥을 먹다	刑務所暮らしをする
토를 달다	口答えをする、理由をつける
통이 크다	度量が大きい、太っ腹だ
트집을 잡다	揚げ足をとる、ケチをつける
티끌 모아 태산	ちりも積もれば山となる
파김치가 되다	クタクタに疲れる
피도 눈물도 없다	血も涙もない、残酷だ
피를 말리다	苦しめる、苦しめられる
하나만 알고 둘은 모른다	一つの側面だけで判断して全体が見えない
하늘의 별 따기	非常に難しいこと
하늘이 무너져도 솟아날 구멍이 있다	どんな窮地にあっても必ず解決策がある
한배를 타다	運命を共にする
한숨 놓이다	一息（が）置かれる、安心できる
한 우물을 파다	石の上にも三年
한턱내다	おごる、ご馳走する
호랑이도 제 말하면 온다	噂をすれば影がさす
허리띠를 졸라매다	倹約する、節約する
희열을 느끼다	大きな喜びを覚える

2 토론할 때 사용하는 표현

주장을 할 때	저는 ———에 찬성합니다.
	저는 ———에 반대합니다.
	저는 ———라고 생각합니다.
	저는 ———찬성에 동의합니다.
	저도 ———와 같은 생각입니다.
	저는 ———을/를 확신합니다.
	———에 대해서 의심할 여지가 없습니다.
근거를 말할 때	왜냐하면, ——— 때문입니다.
	설문조사 결과에 의하면,
	한 보고서에 따르면,
	——의 연구에 따르면,
	통계에 따르면,
	예를 들면,
	예컨대,
	제 경험에 의하면,
	——는 이렇게 말했습니다. " —————"
	이런 속담이 있습니다. "—————"
	그것은 마치 —————과 같습니다.
확인 질문이나 반문을 할 때	———라고 하셨는데, 맞습니까?
	용어를 정확하게 사용해 주십시오.
	좀 더 보충설명해 주십시오.
	좀 더 자세히 설명해 주십시오.
	대안을 제시해 주십시오.
	해결책은 무엇입니까?
	구체적인 근거를 말씀해 주십시오.
	구체적인 방법을 제시해 주십시오.
	정확한 출처를 말씀해 주십시오.

반론이나 반박할 때	그렇지 않습니다. 그것은 사실이 아닙니다. 반드시 그렇다고 할 수 없습니다. 과연 그럴까요? 저는 동의할 수 없습니다. 과연 그럴 수 있을지 의문입니다. 저는 그렇게 생각하지 않습니다. 그것으로 문제가 해결되지 않습니다. 물론 그것은 일리가 있습니다. 그러나 – 물론 그럴 수 있습니다. 그러나 – 그것은 이 문제와 관련이 없습니다. 그것은 논점에서 벗어난 말입니다. 그것은 이상일 뿐입니다. 현실적으로 맞지 않습니다. 근거가 타당하지 않습니다. 근거에 신빙성이 없습니다. 근거가 올바르지 않습니다. 그것은 논리적 오류입니다. 그것은 말도 안 됩니다. 그것은 어불성설입니다.
결론을 말할 때, 최종 발언을 할 때	따라서, ———에 찬성합니다. 따라서, ———에 반대합니다. 결론적으로 말하자면, ———입니다. 한 마디로 말씀드리자면, ———입니다. 결론을 요약하자면,———입니다. 제가 말씀드리고 싶은 것은 ———입니다. 제가 다시 한 번 강조하고 싶은 것은 ———입니다. 이상입니다.
상대의 말을 끊어야 할 때	잠깐만요, 말씀 중에 죄송합니다. 한 마디만 더 하겠습니다. 말을 끊어서 죄송합니다. 이제 그만 마무리해 주십시오. 짧게 끝내 주십시오.

신조어 • 줄임말

#갑분싸
'갑자기 분위기 싸해졌다'의 줄임말이다.

#꾸안꾸
'꾸민 듯 안 꾸민듯'의 줄임말이다.

#낄낄빠빠
'낄 데 끼고 빠질 때 빠진다'의 줄임말이다.

#노잼 / 꿀잼
'노잼'은 무언가가 너무 재미없다는 인터넷 유행어이고, '꿀잼'은 너무 재미있다는 뜻이다.

#넘사벽
'넘을 수 있는 사차원의 벽'의 줄임말이다. 아무리 노력해도 자신의 힘으로는 격차를 줄이거나 뛰어 넘을 수 없는 상대를 가리키는 말이다.

#뇌섹남 / 뇌섹녀
뇌가 섹시한 남자와 여자를 각각 '뇌섹남', '뇌섹녀'라고 한다. 단어의 첫 음절만 따서 만든 신조어이다.

#마상
'마음의 상처'의 줄임말이다.

#버카충
'버스 카드 충전'의 줄임말이다.

#부먹 / 찍먹
한국의 대표적인 중국요리인 탕수육. 탕수육을 주문하면 소스가 따로 나오는데, 소스를 부어서 먹으면 '부먹'이라고 하고, 찍어서 먹으면 '찍먹'이라고 표현한다. 당신은 '부먹파'인가요?

'찍먹파'인가요?

#아아 / 아바라
'아이스 아메리카노', '아이스 바닐라 라테의' 줄임말이다.

#엄친아 / 엄친딸
'엄마 친구 아들', '엄마 친구 딸'의 줄임말이다. 능력이나 외모, 성격, 집안 등 거의 모든 면에서 완벽한 남자나 여자를 빗대어 이르는 말이다.

#열정페이
아주 적은 돈으로 월급을 주거나 아예 돈을 주지 않으면서 청년들에게 열정만을 강요하며 많은 일을 시키는 사회적인 모습을 비판하면서 만들어진 표현이다.

#이생망
'이번 생은 망했다'의 줄임말이다.

#인싸 / 아싸
'인사이더'라는 뜻으로, 각종 행사나 모임에 적극적으로 참여하면서 사람들과 잘 어울려 지내는 사람을 이르는 말이다. 아싸는 아웃사이더라는 뜻으로, 인싸의 반대말이다.
'인싸템' : 인싸가 애용하는 아이템
'핵인싸' : 인싸 중에서도 중심에 있는 사람

#1도 모르겠어!
'하나도 모르겠다'에서 하나를 '1'로 바꿔 쓰는 유행어이다.

#완소
완전 소중하다.

#워라밸
'워크 앤 라이프 밸런스(Work and life balance)'의 줄임말이다.
'일과 생활의 균형을 중요하게 여긴다'는 뜻이 담겨 있다.

#소확행
'소소하지만 확실한 행복'의 줄임말이다.

작은 일이지만 확실하게 행복을 느낄 수 있다는 말로 일상 속에서 행복을 찾으며 즐거움을 느끼는 것을 말한다.

#심쿵
'심장이 쿵쾅쿵쾅거린다'는 뜻으로 쓰이는 단어다. 대개 깜짝 놀랄 만한 것을 보고나 듣거나 했을 때 사용한다.

#자만추
'자연스러운 만남 추구'의 줄임말이다.

#자소서
'자기소개서'의 줄임말이다.

#자뻑
자기가 잘 났다고 믿거나 스스로를 너무 사랑해서 푹 빠져 있을 때 사용할 수 있다. '자아도취'라는 뜻이다.

#'즐~'
즐겁다의 첫 음절을 따서 만든 신조어이다. 즐거운 시간을 보내라는 의미이다. '즐점하세요', '즐저하세요'

#취업깡패
취업이 잘되는 학과를 의미하는 말이다.

#음원깡패
'음원 매출이 좋은 노래'를 가르키는 말이다. 또는 음원 매출이 좋은 노래를 부른 가수나 만든 작곡자, 작사가를 일컫는 말이다.

#킹왕짱
매우 대단한 것을 강조하는 뜻으로 king, 왕, 최고란 뜻의 '짱'을 더하여 세 단어가 합쳐진 신조어이다.

#현타
'현실 자각 타임'의 줄임말이다.

「さらに調べる」及び「調査する・考える・発表する」日本語訳

1 ソウル特別市

2 釜山広域市

3 済州特別自治道

4 オルレ①　済州オルレ

5 大分県①　日本一のおんせん県おおいた

6 大分県②　おおいたジオパーク

7 オルレ②　九州オルレ

1 ソウル特別市

 調査する・考える・発表する

 ソウル特別市関連のHPを参照して、関連データや情報を調べてみましょう。

 次のリストを参照して、ソウル観光リストを作成してみましょう。

☐ 青瓦台のサランチェで、青瓦台の新聞を作ってみる。

☐ 仁寺洞のキムチ博物館で、キムジャンを体験する。

☐ ソウルスカイ展望台で、ソウルの360度ビューを鑑賞する。

☐ 韓国ドラマの中の背景だった「ソウル植物園」で、私だけのヒーリング写真を撮ってみる。

☐ タルンイ自転車に乗って、漢江市民公園へ遊びにいく。

☐ 伝統衣装の韓服を着て、景福宮と韓屋を訪ねる。

☐ ソウルシティツアーバスに乗って、観光地を巡りながら写真を撮る。

 調査した内容に基づいて、ソウル観光案内シートを作ってみましょう。

① テーマを決める。

案内シートのテーマを決めましょう。たとえば、文化遺産コース、散策コース、体験コースなど具体的なテーマを決めます。

② 場所を決める。

テーマが決まったら、そのテーマに該当する具体的な場所を考えてみましょう。

③ 写真を集める。

紹介したい場所を直接訪ねて写真を撮ったり、行くことが難しい場合は、インターネットや新聞、雑誌などから写真を集めたりしてみましょう。

④ 情報をリサーチする。

各所に関する情報があれば、案内しやすいです。本やインターネットで集めた情報や直接訪ねた場所の情報（経験）を調べ、まとめてみましょう。

⑤ 案内シート作り。

パワーポイントを利用して、テーマと場所の情報内容を事前に集めておいて写真をまとめて案内シートを作ってみましょう。できあがった案内シートを使って友だちにソウルを紹介してみましょう。

釜山広域市

さらに調べる

#釜山国際映画祭（Busan International Film Festival）

「小さいけれど、権威ある映画祭」をを目指して、1996年9月13日、初の開幕式を開催しました。ソウルでもなく釜山で「国際映画祭」を開催することに多くの懸念も寄せられましたが韓国初の国際映画祭が第一歩を踏み出しました。第1回は、31カ国から169の作品を招聘、6つの映画館で上映を行いました。

韓国初の国際映画祭から、今は名実ともに韓国最大の国際映画祭にまで成長した釜山国際映画祭は、アジアだけでなく、世界中で多くの映画人と観客が愛する映画の祭典となりました。現在は、70〜80カ国から300余りの作品が招へいされ、6つから始まった上映館は、最大37館まで増え、2022年には、合計353作品の映画が上映されました（公式の招へい作品は、71カ国の242本とコミュニティーBIFF上映作の111本）。また、2011年に開館した釜山国際映画祭専用館の「映画の殿堂」は、釜山のランドマークとなりました。

調査する・考える・発表する

 釜山広域市関連のHPを参照して、関連データと情報を調べてみましょう。

 次の場所について調べ、その歴史的・文化的意味を勉強してみましょう。

☐ 朝鮮通信使歴史館

☐ 甘川文化村・峨嵋洞碑石文化村

☐ 国際市場・富平カントン市場・チャガルチ市場

☐ 映画の殿堂

☐ 冬柏島・ヌリマルAPECハウス

☐ 在韓UN記念公園

☐ 梵魚寺

☐ 荒嶺山展望台

 調査した内容に基づいて、釜山観光案内を作ってみましょう。作成手順については、ソウル特別市のページをご参照ください。

3 済州特別自治道

さらに調べる

#済州4・3事件

済州島は、韓国現代史の大きな悲劇とされる4・3事件（1948年）が起きた場所でもあります。数万名の人が犠牲となり、130余りの村が焦土化し島の津々浦々まで4・3の遺跡地ではないところがないと言われています。現在、済州島は観光の島、世界平和の島として再び生まれ変わりました。「真る平和」を体験したければ、今の平和を取り戻すまでに済州島が経験した悲劇と受難の時代を知っておかなければなりません。済州4・3事について調べ平和と人権のための教育の場として建設された4・3平和公園についても話し合ってみましょう。

#済州島の生活方言（本文参照）

調査する・考える・発表する

1 済州島関連HPを参照して、関連データや情報を調査してみましょう。

2 以下の場所について調べて、その歴史的・文化的意味を考えてみましょう。

- ☐ 三多島
- ☐ 城邑民俗村
- ☐ 漢拏山
- ☐ 李仲燮通り
- ☐ 拒文オルム
- ☐ 4・3平和公園・平和記念館

3 済州島の方言について調べてみましょう。

4 済州島の名物について調べてみましょう。

- ☐ 黒豚
- ☐ オメギ餅
- ☐ 豚肉の素麺
- ☐ 焼き甘鯛
- ☐ 漢拏峯
- ☐ 太刀魚の煮付け

5 調査した内容に基づいて、済州島観光案内を作ってみましょう。作成手順については、ソウル特別市のページをご参照ください。

オルレ① 済州オルレ

さらに調べる

#済州オルレ　#案内標識

- ☐ カンセ
- ☐ リボン
- ☐ 矢印
- ☐ プレート
- ☐ スタート時点の標識（石）
- ☐ 車椅子区間
- ☐ スタンプカンセ

調査する・考える・発表する

 オルレの意味は何ですか。

 済州オルレの案内標示と参加時に用意する物について調べてみましょう。

5 大分県① 日本一のおんせん県おおいた

さらに調べる

#温泉とは

温泉法において、「温泉」とは、地中から湧出する温水、鉱水及び水蒸気その他のガス（炭酸水素を主成分とする天然ガスを除く。）ですが、温度が25℃以上で総硫黄、総鉄イオン、遊離二酸化炭素等の19種類の物質のうち、いずれか一つを一定以上含まなければなりません。また、温泉のうち、特に治療の目的に供しうるものを療養泉といいます。

#温泉の特徴

大分県には、その中央部を北東から南西に走る別府－島原地溝と呼ばれる大地の裂け目に沿った多くの新しい火山があります。

本県の温泉の大多数は火山性温泉で、これらの火山の周辺に集中しています。北東部の鶴見岳・由布岳の周辺に別府温泉・湯布院温泉・塚原温泉・湯平温泉、南西部の九重火山群の周辺には筋湯温泉・川底温泉・宝泉寺温泉・七里田温泉・長湯温泉・筌ノ口温泉・赤川温泉などがあります。

【源泉数】本県の源泉数は5,102個で、全国第1位であり、全国27,969個のうち約18.2%を占めています。

【湧出量】本県の湧出量は298,416リットル／分で、全国第1位であり、全国の溶出量の2,534,089リットル／分のうち約11.8%となっています。

【利用施設数】温泉利用の公衆浴場数は396件、宿泊施設数は849件となっています。

【利用者数】年間延宿泊利用人員数は約333万人となっています。

（2021年3月末 時点）

温泉に入る時のエチケット

 水着・下着着用での入浴不可。

 湯船に飛び込まない（湯船にはゆっくり入る）。

 子供から目を離さない。

 洗い場・サウナの場所取り禁止。

 タオルや髪は湯船につけない。

 洗髪・洗い物禁止。

 カメラ・携帯の持ち込み・撮影禁止。

 周りに気を使う。

【出典】大分駅プラットフォームにある「温泉に入る時のエチケット」の案内文より。

 大分県観光関連サイト

大分県庁HP

https://www.pref.oita.jp/site/about-oita/

大分県の観光チャンネル：沸騰大分【おんせん県おおいた観光チャンネル】

https://www.youtube.com/channel/UCVobCFlSRhSWKIqCyWr6vXA

大分県観光情報公式サイト

https://www.visit-oita.jp/

大分市観光協会

https://www.oishiimati-oita.jp/

調査する・考える・発表する

1 大分県温泉をエリア別に分けて、その特徴について調べてみましょう。大分県温泉地域別案内シートを利用してください。

2 大分駅前にある「クスノキ」の由来について調べてみましょう。

3 大分の偉人、大友宗麟について調べてみましょう。

4 別府観光の父と呼ばれる油屋熊八について調べてみましょう。

5 大分県関連の情報サイトを利用して、大分県の観光コースを作成してみましょう。

6 大分県② おおいたジオパーク

 さらに調べる

#Oita Geoculture（美術手帖編集部編、美術出版社、2018年）

第33回国民文化祭・おおいた2018、第18回全国障碍者芸術・文化祭おおいた大会、おおいた大茶会の記念ブックとして刊行された『おおいたジオカルチャー』（美術手帖編集部編、美術出版社、2018年）では、大分県の大地（ジオ）と文化に関する魅力を紹介しています。

大分県の「地理的な特徴、古代より語り継がれる神話、そして蓄積される大地（ジオ）の成り立ちといった「土地に宿る記憶」から、「温泉、自然、食といった文化」まで、他県にはない「おおいたジオカルチャー」の魅力を紹介しています。地域固有の風土や歴史のなかで生まれた伝統芸能や祭りなど、数多くの資源が息づいている大分県。本書では、これらの文化をより深く体験できるよう、大分県を地形や文化というカテゴリーで5つのエリアに分け、それぞれテーマを設けています。

1 出会いの場：大分市、別府市、由布市

2 祈りの谷：豊後高田市、杵築市、宇佐市、国東市、姫島村、日出町

3 豊かな浦：佐伯市、臼杵市、津久見市

4 耕す里：竹田市、豊後大野市

5 水の森：中津市、日田市、九重町、玖珠町

#国民文化祭

国民文化祭（1986年から毎年）は、観光、まちづくり、国際交流、福祉、教育、産業その他の各関連分野における施策と有機的に連携しつつ、地域の文化資源等の特色を生かした文化の祭典であり、伝統芸能や文学、音楽、美術などの各種芸術、食文化などの生活文化等の活動を全国規模で発表、共演、交流する場を提供するとともに、文化により生み出される様々な価値を文化の継承、発展及び創造に活用し、一層の芸術文化の振興に寄与するものです。なお、2017年度からは、障害の有無にかかわることなく国民の参加や鑑賞機会の充実を図るため、「全国障がい者芸術・文化祭」と一体的に開催しています。

＃全国障がい者芸術・文化祭

2001年から毎年開催されている、障がい者の芸術および文化活動を発表する国際最大規模のイベント。芸術・文化活動を通じ、障がい者の社会参加を促進するとともに、障がい者に対する理解と認識を深めることを目的としています。

調査する・考える・発表する

1 大分県を地形・文化別に分けて、その特徴について調べてみましょう。大分県地形・文化地域別案内シートを利用してください。

2 各自、地元（故郷）の関連機関のHPを確認し、参考文献などの関連資料を調査してみましょう。

3 次のような項目を調査してみて、何を紹介するかを決めましょう。

＃地域の概要（人口、位置、気候など）、特徴、生活（ライフスタイル）、歴史（偉人、人物）、文化、自然環境、主要産業、観光名所、名物（料理）、自慢、お祭りなど

4 調査した内容をまとめて、PPT資料で発表してみましょう。

7 オルレ② 九州オルレ

さらに調べる

#九州オルレのマナー

1 ▶ 民家の庭にみだりに入らない。　　2 ▶ 人や個人のものを撮影する時は同意をもらう。

3 ▶ ゴミは必ず持ち帰る。　　4 ▶ 果物の皮も道端に捨てない。

5 ▶ 道沿いの農作物を勝手に採らない。

6 ▶ 道端に咲いている花や木の枝を採らない。

7 ▶ 道で擦れ違う家畜や野生動物を触らない。

8 ▶ 山頂では大声で叫んだり、騒いだりしない。

9 ▶ 次に訪れる人のために、リボンを持ち帰らない。

10 ▶ カンセを壊したり、カンセの上に乗ったりしない。

11 ▶ 未舗装の道では、決まっている経路を通る。

12 ▶ 車道を歩く時は、車に気をつけて歩く。

13 ▶ コースから外れた急傾斜地等での危険な行動は控える。

14 ▶ 風景を楽しみながらゆっくりと歩く。

15 ▶ 擦れ違う旅行者や地元住民とは笑顔で挨拶を交わす。

調査する・考える・発表する

1 ▶ 現在、九州オルレにはいくつのコースがあるか調べてみましょう。

2 ▶ 九州オルレの中で一つのコースを取り上げて紹介してみましょう。

「さらに調べる」及び「調査する・考える・発表する」 日本語訳

8　自己紹介①　MBTI

9　自己紹介②　学科・専攻

1o　韓国の履歴書・自己紹介書

11　韓国企業の面接

12　編入学留学準備

13　韓国語学研修

8 自己紹介① MBTI

調べる・考える・発表する

1 インターネットで自分のMBTIタイプを調べてみましょう。

2 タイプに合った職業を調べてみて、自分に似合う職業について話してみましょう。

3 友だちの性格について聞いてみて、どのような仕事が合うか話し合いましょう。

#MBTIの16タイプ

人間の適性を理解するための性格類型検査として、95項目の構成となっています。

4つの選り好み傾向によるMBTIの性格類型は、次のような16タイプに分類されます。

MBTIの16タイプ

分析家タイプ	**INTJ** 戦略家 想像力が豊かで、戦略的な思考の持ち主。あらゆる物事に対して計画を立てる。	**INTP** 論理学者 貪欲な知識欲を持つ革新的な発明家	**ENTJ** 指揮官 大胆で想像力豊か、かつ強い意志を持つ指導者。常に道を見つけるか、道を切り開く。	**ENTP** 討論者 賢くて好奇心旺盛な思考の持ち主知的挑戦には必ず受けて立つ。
外交官タイプ	**INFJ** 提唱者 物静かで神秘的だが、人々を非常に勇気づける飽くなき理想主義者	**INFP** 仲介者 詩人肌で、親切な利他主義者。良い物事のためなら、いつでも懸命に手を差し伸べる。	**ENFJ** 主人公 カリスマが性あり、人々を励ますリーダー。聞く人を魅了する。	**ENFP** 広報運動家 情熱的で独創力があり、かつ社交的な自由人。常に笑い、ほほ笑みの種を見つけられる。
管理者タイプ	**ISTJ** 管理者 実用的で事実に基づいた思考の持ち主。その信頼性は紛れもなく本物。	**ISFJ** 擁護者 非常に献身的で心の温かい擁護者。いつでも大切な人を守る準備ができている。	**ESTJ** 幹部 優秀な管理者で、物事や人々を管理する能力にかけては、右に出るものはいない。	**ESFJ** 領事館 非常に思いやりがあり社交的で、人気がある。常に熱心に人々に手を差し伸べている。
探検家タイプ	**ISTP** 巨匠 大胆で実践的な思考を持つ実験者。あらゆる道具を使いこなす。	**ISFP** 冒険家 柔軟性と魅力がある冒険家。常に進んで物事を探索し経験しようとする。	**ESTP** 起業家 賢くてエネルギッシュで、非常に鋭い知覚の持ち主。危険と隣り合わせの人生を心から楽しむ。	**ESFP** 芸能人 自発性がありエネルギッシュで熱心なエンターテイナー。周りを退屈させることは決してない。

【出典】「16Personalities」HP https://www.16personalities.com/ja/

9 自己紹介② 学科・専攻

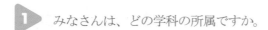
調査する・考える・発表する

1 みなさんは、どの学科の所属ですか。

2 学科で専攻にしたいコースについて考えてみましょう。

3 各自、専攻について説明してみましょう。

10 韓国の履歴書・自己紹介書

調査する・考える・発表する

1 　韓国と日本の履歴書・自己紹介書の相違点について話してみましょう。

2 　韓国の様式に合わせて、履歴書を作成してみましょう。

3 　韓国の様式に合わせて、自己紹介書を作成してみましょう。

11 韓国企業の面接

さらに調べる

#部署と職位

ドラマ『未生』の舞台となった大手総合商社「（株）ワン・インターナショナル」の組織図を参照して、韓国企業の部署について調べてみましょう。

一般部署やチームにおける職位

・インターン社員：正式な社員になる前の課程

・社員：正規職において、もっとも基本となる職位

・代理（係長／主任）：社員より上の職位で、担当者級の業務を遂行する人

・チーム長（課長）：各チーム（課）を統括する管理者

・次長：部長の職務代行が可能な管理者

・部長：各部署の責任を担う管理者

役員の職位

・理事：大企業の場合、グループ長に該当。特定の部署を任され、会社全般の経営に参加する人

・常務：社長と副社長を補佐しながら、会社の日常的な業務を中心に管理する人

・専務：社長と副社長を補佐しながら、会社の全体的な業務を統括する人

・副社長：社長を代行して、単独の決定を下すことができる役員

・社長：会社全体の責任を担う経営者

・副会長：会長を代行して、単独の決定を下すことができる役員

・会長：会社全体の責任を担う経営者

調査する・考える・発表する

 韓国と日本の企業面接について、比較してみましょう。

 関心のある韓国の企業について、調べてみましょう（会社の特色、福利厚生など）。

 その企業の主要部署と興味のある分野について、調べてみましょう。

12 編入学留学準備

  さらに調べる

#自己紹介書

▶ 自己紹介書には、以下の項目を具体的に記述することが重要です。

・在学期間中、進路と関連して、どのような努力をしてきたか。

・本人に意味のある学習経験や校内活動は、どのようなものか。

・行きたい学科を指定し、進路と関連させて記述する。

・進路関連の読書などの例を挙げ、その分野に集中していることを証明する。

・他の人共に取り組だ経験とそれを通して学んだことを具体的に書く。

→サークル活動、ボランティア活動、アルバイトなど、他人と協業したことを、いつ／どこで／何を／どのように／なぜ／成果などを中心に書き、その過程で生じた課題・問題などを、どのように解決したか、ポジティブな結果を作り出すために取り組んだ方法などを具体的に記述する。

・入学後にどのような姿を見せることができるか。

#学業計画書

志願する大学に合格したという前提で、編入学後、大学生活にどのように取り組んでいくか、具体的に書いて提出する文書

#編入学志願動機

1. 学校のHPなどを参考にして学部や学科の特徴などを分析する。とりわけ、追究する学習目標や活動を詳細に検討する。

2. 学科内のサークル活動、学会、交換学生プログラム、ボランティア活動などを通して、卒業後はどのようなところに就職できるかまで予想して分析しておく。

3. 編入学前までに取り組んでいた活動などについて、開始のプロセス、成果などが、編入学後の学習にも大きく貢献できることなど、アピールしておくこと。

4. 編入学後には、どんな学生になりたいか具体的に書くこと。

自身が持っている力量と能力が一致するところがまさにこの大学であり、そのために、どのような学生になりたいのか、自らのビジョンを具体的に述べる。

5.　その他、抱負や目標などをまとめる。

調査する・考える・発表する

1　関心がある韓国の大学について調査してみましょう（大学の特色、奨学金制度など）。

2　関心がある学部と学科、専攻について調べてみましょう。

13 韓国語学実習

 ## さらに調べる

＃大分県立芸術文化短期大学 #国際総合学科 #韓国学研究室

大分県立芸術文化短期大学・国際総合学科の韓国学研究室では、韓国語と韓国文化、社会関連の科目を学ぶことができます。以下の動画から韓国学研究室の1年間の活動をご確認ください！

大分県立芸文短大　国際総合学科　韓国学（朴）研究室の紹介動画

https://www.youtube.com/watch?v=-t4LcnMOR0U

 ## 調査する・考える・発表する

 語学研修で最も楽しかったエピソードは何ですか。

 もう一度訪ねてみたい場所はどこですか。

 語学研修に参加してから、韓国語力はどれくらい向上しましたか。

 韓国生活をサポートしてくれた韓国の友だちについて紹介してみましょう。

グループ別に語学研修での思い出をポートフォリオや動画として作ってみましょう。

語彙リスト

韓 ➡ 日

ㄱ

韓	日
가능하면	可能であれば
가정	仮定
가창	歌唱
가축	家畜
가치	価値
각종 수당	各種手当
간결하게	簡潔に
감각형	感覚型
감상	鑑賞
감정형	感情型
강력하다	強力だ
개막식	開幕式
개발되다	開発される
개선하다	改善する
개성	個性
개항	開港
거대한 분화	巨大な噴火
결국	結局
결론	結論
경력증명서	経歴証明書
경영자	経営者
경작하다	耕す
경쟁 기업	競争企業
계곡	渓谷
계기	契機、きっかけ
계승	継承
계획성	計画性
계획을 세우다	計画を立てる
고객층	顧客層
고농도	高濃度
고르다	選ぶ
고유 명사	固有名詞
골목길	路地
골짜기	谷
공공장소	公共場所
공동체	共同体
공중 목욕탕수	公衆浴場数
공헌하다	貢献する
과일 껍질	果物の皮
과제	課題
관객	観客
관광객	観光客
관광 매니지먼트	観光マネジメント
관광 시설	観光施設
관광지를 돌아보다	観光地を巡る
관련 분야	関連分野
관찰력	観察力
관현악	管弦楽
광수	鉱水

괴롭히다	いじめる
교내 활동	校内活動
교류하다	交流する
교양	教養
교육의 장	教育の場
교환 학생	交換学生
구석구석	津々浦々
구성 항목	構成項目
구체적	具体的
국제 교류	国際交流
국제도시	国際都市
국제 커뮤니케이션	国際コミュニケーション
국제 항구	国際港
굳어지다	固まる
권위	権威
규모	規模
그대로	そのまま
그래픽	グラフィック
극복하다	克服する
근거를 들다	根拠をあげる
근거	根拠
근로 환경	勤労環境
근무지	勤務地
근속 연수	勤続年数
금연	禁煙
급여	給与
긍정적인 결과	肯定的な結果
긍정적	肯定的
기도	祈り
기록	記録
기업명	企業名
기업 분석	企業分析
기업 분위기	企業雰囲気

기업 설명회	企業説明会
기업 이념	企業理念
기여하다	寄与する
기웃거리다	覗く
기입하다	記入する
기준을 만족시키다	基準を満たす
기초적	基礎的
기획력	企画力
꺾다	折る
꼼꼼히	綿密に、詳細に
꽃	花
끝없이 갈망하다	絶えず渇望する

ㄴ

나뭇가지	枝
나아가	ひいては
남기다	残す
남쪽	南側
내딛다	踏み出す
내향형	内向型
넥타이	ネクタイ
노력	努力
농작물	農作物
느끼다	感じる

ㄷ

다시 태어나다	生まれ変わる
다양성	多様性
다양한	様々な
다홍색	朱色
단발머리	短髪
단시간	短時間
단점	短所

단체 가입	団体加入
대담하다	大胆だ
대문	大門
대부분	大半、大部分
대사	代謝
대응하다	対応する
대지	大地
대표자명	代表者名
대표적	代表的
도구	道具
도달하다	到達する
도우미	サポーター
도입되다	導入する
도전하다	挑戦する
도지 문화	湯治文化
독서	読書
돌	石
동아리	サークル
동의를 구하다	同意を得る
되돌아보다	振り返る
드물다	珍しい、稀だ
들을 수 있다	聞くことができる
등재되다	登録される
디자인 계열	デザイン系列
디자인 전공	デザイン専攻
따오기	朱鷺
뛰어난 능력	優れた能力

ㄹ

랜드마크	ランドマーク
리스트	リスト

ㅁ

마감일	締切日
마련되어 있다	設けられている
마무리짓다	まとめる
마을	村
만남	出会い
만들어 내다	作り出す
매니큐어	マニキュア
매력	魅力
머리 스타일	ヘアスタイル
멀리는	遠くは
메모	メモ
면적	面積
면접관	面接官
면접 일정	面接日程
면제	免除
명소	名所
명실상부	名実ともに
명확하게	明確に
모으다	集める
모집 요건	募集要件
모험가	冒険家
모험	冒険
목장	牧場
목표를 세우다	目標を立てる
무늬	模様
무대	舞台
무역도시	貿易都市
문서	文書
문화 공간	文化空間
문화유산	文化遺産
물류	物流
미리 수집하다	事前に収集する

미백 효과	美白効果	비주얼	ビジュアル
미술관	美術館	비지니스 현장	ビジネス現場
믹스 미디어	ミックスメディア		

ㅂ

바다 축제	海祭り
바람	風
바른 자세	正しい姿勢
박물관	博物館
반드시	必ず
발생하다	発生する
발전	発展
발휘하다	発揮する
방송	放送、番組
밭	畑
배려	配慮
버리다	捨てる
벤치마킹	ベンチマーキング
변론가	弁論家
보호하다	保護する、守る
복장	服装
복지	福祉
복합문화공간	複合文化空間
봉사	ボランティア
부합하다	一致する、符合する
분량	分量
분석가	分析家
분석하다	分析する
불꽃놀이 대회	花火大会
브랜드 사용	ブランド使用
비고	備考
비극	悲劇
비전	ビジョン

ㅅ

사고형	思考型
사교적	社交的
사례	事例
사색가	思考家
사업가	事業家、起業家
사업 내용	事業内容
사유 재산	私有財産
사진	写真
사형제도	死刑制度
사회인	社会人
산기슭	山の麓
산길	山道
산업	産業
산 정상	山の頂上
산책 코스	散策コース
살아 숨 쉬다	息づく
살펴보다	検討する
삶	人生、生活、ライフ
상대방	相手
상상력	想像力
상영관	上映館
상영하다	上映する
상징	象徴
색깔	色
생년월일	生年月日
생명	生命、命
생물	生物
생활하다	生活する
서술식	叙述式

선도자	先導者
선택하다	選択する
선호하다	好む
섬	島
성격 유형 지표	性格類型指標
성과	成果
성명	姓名、氏名
성실하고 유연한 자세	誠実で柔軟な姿勢
성악	声楽
성장 배경	成長背景
성장하다	成長する
세계유산	世界遺産
세월	年月
셔츠	シャツ
소개하고 싶다	紹介したい
소년법	少年法
소리치다	叫ぶ
속옷	下着
손대다	触る
수난	受難
수도	首都
수영복	水着
수증기	水蒸気
수행능력	遂行能力
수험 전형료	受験料
수호자	守護者
숙박 시설수	宿泊施設数
숙박 시설	宿泊施設
순서에 맞추다	順番に合わせる
숲	森
스커트	スカート
시민공원	市民公園
식다	冷める

식물원	植物園
신비한 분위기	神秘的な雰囲気
신사	神社
신청자	申請者
실생활	実生活
실적	実績
실천적	実践的
실현	実現
심리 스포츠	心理スポーツ
심리 유형론	心理類型論
심화하다	深化する
쓰레기	ゴミ

ㅇ

아르바이트	アルバイト
아트	アート
악기	楽器
안내하기 편하다	案内しやすい
앙상블	アンサンブル
액세서리	アクセサリー
야생동물	野生動物
양성하다	養成する
양식	様式
어려움	大変さ、難しさ
어린이 제한 구역	子ども制限区域
어우러지다	調和する、相まって
억척스럽다	がむしゃらだ
얻은 교훈	得られた教訓
얼굴	顔
에 관한 이야기	に関する話
에 속하다	に属する
에 위치하다	に位置する
에티켓	エチケット

에피소드	エピソード	온천법에 따르면	温泉法によれば
에 한하다	に限る	온천	温泉
에 해당하다	に該当する	옹호자	擁護者
여름방학	(学校の) 夏休み	외교관	外交官
여유롭게	余裕を持って	외국어	外国語
여자	女子、女性	외향형	外向型
역량	力量	요구	要求
역방향	逆方向	요양	療養
역사	歴史	요트 경기장	ヨット競技場
역효과	逆効果	용암동굴	溶岩洞窟
연간	年間	용출량	溶出量
연결하다	つなげる	우려	懸念
연계하다	連携する	우수한 개성	優れた個性
연관시키다	関連させる	운동화	スニーカー
연락처	連絡先	운영하다	運営する
연마하다	練磨する	웅대한 자연	壮大な自然
연수 제도	研修制度	워킹 코스	ワーキングコース
연예인	芸能人	원천수	源泉数
연주	演奏	원칙	原則
열정적	情熱的	원하는 인재상	求める人材像
염두에 두다	念頭に置く	위장기능계	胃腸機能系
영문	英文	위치하다	位置する
영업 이익	営業利益	위험을 감수하다	危険を冒す
영향을 미치다	影響を及ぼす	유기적	有機的
영화의 전당	映画の殿堂	유네스코	ユネスコ
영화 축제	映画の祝祭	유리이산화탄소	遊離二酸化炭素
예를 들다	例を挙げる	유연하다	柔軟だ
예를 들어	たとえば	유용하게	有用に
예술가	芸術家	유의하다	留意する
예의에 어긋나다	礼儀に反する	유적지	遺跡地
오감	五感	유채화	油絵
오름	オルム	유황	硫黄
오케스트라	オーケストラ	을/를 바탕으로	に基づいて
온수	温水	을/를 이용하다	を利用する

을/를 착용하다	を着用する
을/를 촉진하다	を促進する
음용	飲用
응용하다	応用する
의상	衣装
의지	意志
이력서	履歴書
이론	理論
이메일	email
이벤트	イベント
이상주의자	理想主義者
이용 상황	利用状況
이용 시설수	利用施設数
이용하다	利用する
이유	理由
이타주의자	利他主義者
이후	以降、以後
인간 행동	人間行動
인구	人口
인권	人権
인기가 많다	人気がある
인사 담당자	人事担当者
인상을 주다	印象を与える
인생관	人生観
인식을 넓히다	認識を広げる
인재를 육성하다	人材を育成する
일관된 경향	一貫した傾向
일반 사무직	一般事務職
일반적	一般的
일본화	日本画
일상생활	日常生活
일어나다	起きる
일주	一周
임시 정부	臨時政府

입사지원서	入社志願書
입사 후 포부	入社後の抱負
입학금	入学金

ㅈ

자기 보고식	自己報告式
자기소개서	自己紹介書
자랑하다	誇る
자리잡다	位置づけられる
자매판	姉妹版
자본금	資本金
자연환경	自然環境
자주	しょっちゅう
자질	資質
자취	自炊
자필	直筆
작품	作品
장기 체류	長期滞在
장소	場所
장인	巨匠
장점	長所
재직증명서	在職証明書
재학 기간	在学期間
재학생	在学生
적당한 길이	適切な長さ
적용시키다	適用させる
적절하게	適切に
전국적	全国的
전달하다	伝える、伝達する
전략가	戦略家
전망대	展望台
전역	全域
전용관	専用館

전통문화 거리	伝統文化の街	중재자	仲介者
전통 시장	伝統市場	즉흥적	即興的
전통 예능	伝統芸能	즐기다	楽しむ
절벽	絶壁、崖	증명하다	証明する
점차	やがて、次第に	지도력	指導力
정리하다	まとめる、整理する	지도자	指導者
정방향	正方向	지리적	地理的
정보기술	情報技術	지망 직종	志望職種
정보화 사회	情報化社会	지식과 기술	知識と技術
정장	スーツ	지식	知識
정책	政策	지역 만들기	地域づくり
정확한 발음	正確な発音	지원 분야	志願分野
제공하다	提供する	지원서	志願書
제시하다	提示する	지중	地中
제출 서류	提出書類	지형	地形
제품	製品	지혜롭다	知恵がある、賢い
조각	彫刻	직관형	直観型
조기 교육	早期教育	진기하다	珍しい
조선	朝鮮	진한 염색	濃い色のカラー（に髪
조어	造語		を染めること）
조직	組織	진행 방향	進行方向
조혈	造血	진흥	振興
조형실습	造形実習	질서 정연	秩序整然
존엄사	尊厳死	집정관	執政官
졸업 예정자	卒業予定者	집중하다	集中する
종잡을 수 없다	予想付かない	집중	集中
종합적인	総合的な		
좌우명	座右の銘	**ㅊ**	
주력 사업	注力事業		
주성분	主成分	차지하다	占める
주소	住所	참가하다	参加する
주의점	注意点	참조	参照
주제	主題	창립 연도	創立年度
중앙	中央	창의적	創意的

창조력	創造力
찾아내다	探し出す、見つけ出す
채용 면접	採用面接
채용하다	採用する
챙겨가다	持って帰る
천연가스	天然ガス
철이온	鉄イオン
첫걸음	第一歩
청바지	ジーンズ
체험교실	体験教
체험 코스	体験コース
초청하다	招聘する
초토화	焦土化
총매출	総売上
촬영	撮影
최근	最近
최남단	最南端
최저임금	最低賃金
최초	最初
추구하다	追究する
추억	追憶、思い出
취업 시험	就職試験
취업	就業、就職
취주악	吹奏楽
치료	治療

ㅋ

카리스마	カリスマ
카테고리	カテゴリー
캘리그래피	カリグラフィー
코스 개발	コース開発

ㅌ

타인	他人
탄산수소	炭酸水素
탐험가	探検家
테마파크	テーマパーク
토론	討論、ディスカッション
토리이	鳥居
통솔자	統率者
트레킹 코스	トレッキングコース
특별한	特別な
특색	特色
특전	特典
특징	特徴
특히	特に、とりわけ

ㅍ

파마	パーマ
파악하다	把握する
파워포인트	パワーポイント
판단	判断
편입학	編入学
평균 연령	平均年齢
평화의 섬	平和の島
포구	浦
포부	抱負
표식 디자인	標識デザイン
풍경	風景
풍부하다	豊富だ
풍부한 발상력	豊かな発想力
풍부한 인간성	豊かな人間性
풍토	風土
프로그램	プログラム
프로텍트(제품)	プロタクト

피난민	避難民
피서지	避暑地
피아노	ピアノ
피하다	避ける
필수	必須

ㅎ

학력	学歴
학업계획서	学業計画書
학외 활동	学外活動、課外活動
학장 추천	学長推薦
한강을 중심으로	漢江を中心に
한국어학연수	韓国語学研修
한국요리	韓国料理
한국전쟁	韓国戦争、朝鮮戦争
한국 최대	韓国最大
한국 현대사	韓国現代史
한눈에	一目で
한복	韓服
한자	漢字
함부로	勝手に
합격	合格
해결 방법	解決方法
해결하다	解決する
해안길	海岸道
행동 의욕	行動意欲
행정 구역	行政区域
허가	許可
허브	ハーブ
헌신적	献身的
혁신적인 발명가	革新的な発明家
현대 미술	現代美術
현실주의자	現実主義者

현지인	現地人
혈액순환	血液（行）循環
협업	協業
협정을 맺다	協定を結ぶ
호기심이 많다	好奇心が多い
화산 활동	火山活動
화살표	矢印
화쇄류	火砕流
화장	化粧
확대	拡大
확실하다	確実だ
활용하다	活用する
회사	会社
효능	効能
휴일	休日
흡연	喫煙
희망자	希望者
희생하다	犠牲になる

CCTV 설치	CCTV設置

日 ➡ 韓

あ

アート	아트
相手	상대방
アクセサリー	액세서리
油絵	유채화
アルバイト	아르바이트
アンサンブル	앙상블
案内しやすい	안내하기 편하다

い

以降	이후
意志	의지
石	돌
いじめる	괴롭히다
衣装	의상
遺跡地	유적지
位置する	위치하다
位置づけられる	자리잡다
胃腸機能系	위장기능계
祈り	기도
一目で	한눈에
一貫した傾向	일관된 경향
一周	일주
一致する	부합하다
一般事務職	일반 사무직
一般的	일반적
イベント	이벤트
色	색깔
印象を与える	인상을 주다
飲用	음용

う

生まれ変わる	다시 태어나다
海祭り	바다 축제
浦	포구
運営する	운영하다

え

映画の祝祭	영화 축제
映画の殿堂	영화의 전당
営業利益	영업 이익
影響を及ぼす	영향을 미치다
英文	영문
枝	나뭇가지
エチケット	에티켓
得られた教訓	얻은 교훈
エピソード	에피소드
選ぶ	고르다
演奏	연주

お

応用する	응용하다
オーケストラ	오케스트라
起きる	일어나다
温水	온수
温泉	온천
温泉法によれば	온천법에 따르면
折る	꺾다
オルム	오름

か

会社	회사
解決する	해결하다

解決方法	해결 방법	カリスマ	카리스마
改善する	개선하다	感覚型	감각형
海岸道	해안길	観客	관객
開港	개항	簡潔に	간결하게
開発される	개발되다	管弦楽	관현악
開幕式	개막식	観光客	관광객
外交官	외교관	観光施設	관광 시설
外国語	외국어	観光地を巡る	관광지를 돌아보다
顔	얼굴	観光マネジメント	관광 매니지먼트
学外活動、課外活動	학외 활동	韓国現代史	한국 현대사
学業計画書	학업계획서	韓国語学研修	한국어학연수
確実だ	확실하다	韓国最大	한국 최대
各種手当	각종 수당	韓国戦争	한국전쟁
革新的な発明家	혁신적인 발명가	韓国料理	한국요리
拡大	확대	観察力	관찰력
学長推薦	학장 추천	感情型	감정형
学歴	학력	漢字	한자
火砕流	화쇄류	感じる	느끼다
火山活動	화산 활동	鑑賞	감상
歌唱	가창	関連させる	연관시키다
風	바람	関連分野	관련 분야
課題	과제		
固まる	굳어지다		

き

価値	가치	企画力	기획력
家畜	가축	企業説明会	기업 설명회
勝手に	함부로	企業分析	기업 분석
活用する	활용하다	企業雰囲気	기업 분위기
楽器	악기	企業名	기업명
仮定	가정	企業理念	기업 이념
カテゴリー	카테고리	聞くことができる	들을 수 있다
必ず	반드시	危険を冒す	위험을 감수하다
可能であれば	가능하면	基準を満たす	기준을 만족시키다
がむしゃらだ	억척스럽다	基礎的	기초적
カリグラフィー	캘리그래피		

基礎的な実技	기초적인 실기
犠牲になる	희생하다
喫煙	흡연
きっかけ、契機	계기
記入する	기입하다
規模	규모
希望者	희망자
逆効果	역효과
逆方向	역방향
巨匠	장인
巨大な噴火	거대한 분화
行政区域	행정 구역
競争企業	경쟁 기업
許可	허가
協定を結ぶ	협정을 맺다
共同体	공동체
教育の場	교육의 장
協業	협업
教養	교양
強力だ	강력하다
休日	휴일
給与	급여
寄与する	기여하다
記録	기록
禁煙	금연
勤続年数	근속 연수
勤務地	근무지
勤労環境	근로 환경

く

具体的	구체적
果物の皮	과일 껍질
グラフィック	그래픽

け

経営者	경영자
契機	계기
計画性	계획성
計画を立てる	계획을 세우다
渓谷	계곡
継承	계승
芸術家	예술가
芸能人	연예인
経歴証明書	경력증명서
化粧	화장
血液循環	혈액순환
結論	결론
結局	결국
懸念	우려
権威	권위
現実主義者	현실주의자
研修制度	연수 제도
献身的	헌신적
源泉数	원천수
原則	원칙
現地人	현지인
現代美術	현대 미술
検討する	살펴보다

こ

濃い色のカラー（に髪を染めること）	
	진한 염색
合格	합격
交換学生	교환 학생
好奇心が多い	호기심이 많다
公共場所	공공장소
貢献する	공헌하다

公衆浴場数	공중 목욕탕수
鉱水	광수
行動意欲	행동 의욕
校内活動	교내 활동
高濃度	고농도
構成項目	구성 항목
肯定的な結果	긍정적인 결과
効能	효능
交流する	교류하다
コース開発	코스 개발
五感	오감
顧客層	고객층
国際交流	국제 교류
国際港	국제 항구
国際コミュニケーション	
	국제 커뮤니케이션
国際都市	국제도시
克服する	극복하다
個性	개성
子ども制限区域	어린이 제한 구역
好む	선호하다
ゴミ	쓰레기
固有名詞	고유 명사
根拠をあげる	근거를 들다

さ

サークル	동아리
在学期間	재학 기간
在学生	재학생
座右の銘	좌우명
最近	최근
最初	최초
在職証明書	재직증명서

最南端	최남단
採用する	채용하다
採用面接	채용 면접
作品	작품
叫ぶ	소리치다
避ける	피하다
撮影	촬영
サポーター	도우미
様々な	다양한
冷める	식다
触る	손대다
参加する	참가하다
産業	산업
散策コース	산책 코스
参照	참조

し

ジーンズ	청바지
志願書	지원서
志願分野	지원 분야
事業家、起業家	사업가
事業内容	사업 내용
思考家	사색가
思考型	사고형
死刑制度	사형제도
自己紹介書	자기소개서
自己報告式	자기 보고식
自炊	자취
資質	자질
自然環境	자연환경
事前に収集する	미리 수집하다
執政官	집정관
実現	실현

実生活	실생활	少年法	소년법
実績	실적	招聘する	초청하다
実践的	실천적	証明する	증명하다
指導力	지도력	情熱的	열정적
島	섬	情報化社会	정보화 사회
姉妹版	자매판	情報技術	정보기술
市民公園	시민공원	植物園	식물원
締切日	마감일	しょっちゅう	자주
占める	차지하다	深化する	심화하다
志望職種	지망 직종	人権	인권
資本金	자본금	人口	인구
社会人	사회인	振興	진흥
社交的	사교적	人材を育成する	인재를 육성하다
写真	사진	人事担当者	인사 담당자
シャツ	셔츠	神社	신사
私有財産	사유 재산	人生観	인생관
朱色	다홍색	申請者	신청자
受験料	수험 전형료	進行方向	진행 방향
守護者	수호자	神秘的な雰囲気	신비한 분위기
就職試験	취업 시험	心理スポーツ	심리 스포츠
宿泊施設数	숙박 시설수	心理類型論	심리 유형론
住所	주소		
集中	집중	**す**	
主成分	주성분		
主題	주제	遂行能力	수행능력
首都	수도	吹奏楽	취주악
受難	수난	水蒸気	수증기
順番に合わせる	순서에 맞추다	スーツ	정장
叙述式	서술식	スカート	스커트
上映する	상영하다	優れた個性	우수한 개성
上映館	상영관	捨てる	버리다
焦土化	초토화	スニーカー	운동화
象徴	상징		
紹介したい	소개하고 싶다		

せ

成果	성과
声楽	성악
正確な発音	정확한 발음
性格類型指標	성격 유형 지표
生活する	생활하다
政策	정책
誠実で柔軟な姿勢	
	성실하고 유연한 자세
成長背景	성장 배경
生物	생물
正方向	정방향
製品	제품
生年月日	생년월일
姓名	성명
生命	생명
世界遺産	세계유산
全域	전역
全国的	전국적
絶壁、崖	절벽
選択する	선택하다
先導者	선도자
専用館	전용관
戦略家	전략가

そ

総売上	총매출
創意的	창의적
造語	조어
造形実習	조형실습
造血	조혈
早期教育	조기 교육
総合的な	종합적인

想像力	상상력
創造力	창조력
壮大な自然	웅대한 자연
創立年度	창립 연도
組織	조직
即興的	즉흥적
卒業予定者	졸업 예정자
そのまま	그대로
尊厳死	존엄사

た

第一歩	첫걸음
対応する	대응하다
体験コース	체험 코스
体験教	체험교실
代謝	대사
大胆だ	대담하다
大地	대지
大半	대부분
代表者名	대표자명
大変さ、難しさ	어려움
大門	대문
絶えず渇望する	끝없이 갈망하다
耕す	경작하다
正しい姿勢	바른 자세
たとえば	예를 들어
谷	골짜기
他人	타인
楽しむ	즐기다
多様性	다양성
探検家	탐험가
炭酸水素	탄산 수소
短時間	단시간

短所	단점
短髪	단발머리
団体加入	단체 가입

ち

地域づくり	지역 만들기
知恵がある	지혜롭다
知識と技術	지식과 기술
地形	지형
地中	지중
秩序整然	질서 정연
地理的	지리적
治療	치료
注意点	주의점
中央	중앙
仲介者	중재자
注力事業	주력 사업
彫刻	조각
長期滞在	장기 체류
挑戦する	도전하다
朝鮮	조선
長所	장점
直観型	직관형
調和する	어우러지다

つ

追憶	추억
追求する	추구하다
作り出す	만들어 내다
伝える、伝達する	전달하다
津々浦々	구석구석
繋げる	연결하다

て

出会い	만남
提供する	제공하다
提示する	제시하다
提出書類	제출 서류
テーマパーク	테마파크
適切に	적절하게
適切な長さ	적당한 길이
適用させる	적용시키다
デザイン系列	디자인 계열
デザイン専攻	디자인 전공
鉄イオン	철이온
伝統芸能	전통 예능
伝統市場	전통 시장
伝統文化の街	전통문화 거리
天然ガス	천연가스
展望台	전망대

と

同意を得る	동의를 구하다
道具	도구
湯治文化	도지 문화
統率者	통솔자
到達する	도달하다
導入する	도입되다
登録される	등재되다
遠くは	멀리는
読書	독서
特色	특색
特徴	특징
特典	특전
特別な	특별한
トレッキングコース	트레킹 코스

努力	노력

な

内向型	내향형

に

に該当する	에 해당하다
に限る	에 한하다
に関する話	에 관한 이야기
に属する	에 속하다
日常生活	일상생활
日本画	일본화
に基づいて	을/를 바탕으로
入学金	입학금
入社後の抱負	입사 후 포부
入社志願書	입사지원서
人気がある	인기가 많다
人間行動	인간 행동
認識を広げる	인식을 넓히다

ね

ネクタイ	넥타이
年間	연간
年月	세월
念頭に置く	염두에 두다

の

残す	남기다
農作物	농작물
覗く	기웃거리다

は

把握する	파악하다
ハーブ	허브
パーマ	파마
配慮	배려
博物館	박물관
場所	장소
畑	밭
発揮する	발휘하다
発生する	발생하다
発展	발전
花	꽃
花火大会	불꽃놀이 대회
パワーポイント	파워포인트
判断	판단

ひ

ピアノ	피아노
ひいては	나아가
悲劇	비극
備考	비고
ビジネス現場	비지니스 현장
ビジュアル	비주얼
美術館	미술관
避暑地	피서지
ビジョン	비전
必須	필수
避難民	피난민
美白効果	미백 효과
標識デザイン	표식 디자인

ふ

風景	풍경

風土	풍토
複合文化空間	복합문화공간
福祉	복지
服装	복장
舞台	무대
物流	물류
踏み出す	내딛다
ブランド使用	브랜드 사용
プログラム	프로그램
プロタクト	프로텍트(제품)
文化遺産	문화유산
文化空間	문화 공간
文書	문서
分析家	분석가
分析する	분석하다
分量	분량

へ

ヘアスタイル	머리 스타일
平均年齢	평균연령
平和の島	평화의 섬
ベンチマーキング	벤치마킹
編入学	편입학
弁論家	변론가

ほ

貿易都市	무역도시
冒険家	모험가
放送	방송
抱負	포부
豊富だ	풍부하다
牧場	목장
保護する	보호하다

誇る	자랑하다
募集要件	모집 요건
ボランティア	봉사

ま

まとめる	정리하다, 마무리짓다
マニキュア	매니큐어

み

ミックスメディア	믹스 미디어
魅力	매력
南側	남쪽

む

村	마을

め

明確に	명확하게
名実ともに	명실상부
名所	명소
珍しい	진기하다, 드물다
メモ	메모
面積	면적
免除	면제
面接官	면접관
面接日程	면접 일정
綿密に	꼼꼼히

も

設けられている	마련되어 있다
目標を立てる	목표를 세우다
持って帰る	챙겨가다

森	숲
模様	무늬

や

やがて	점차
矢印	화살표
野生動物	야생동물
山の頂上	산 정상
山の麓	산기슭

ゆ

有機的	유기적
有用に	유용하게
遊離二酸化炭素	유리이산화탄소
ユネスコ	유네스코

よ

溶岩洞窟	용암동굴
擁護者	옹호자
要求	요구
様式	양식
溶出量	용출량
養成する	양성하다
予想付かない	종잡을 수 없다
ヨット競技場	요트 경기장
余裕を持って	여유롭게

ら

ランドマーク	랜드마크

り

力量	역량
リスト	리스트
理想主義者	이상주의자
利他主義者	이타주의자
利用状況	이용 상황
利用施設数	이용 시설수
利用する	이용하다
理由	이유
留意する	유의하다
硫黄	유황
療養	요양
履歴書	이력서
理論	이론
臨時政府	임시 정부

れ

礼儀に反する	예의에 어긋나다
例を挙げる	예를 들다
歴史	역사
連携する	연계하다
練磨する	연마하다
連絡先	연락처

ろ

路地	골목길

わ

ワーキングコース	워킹 코스

を

を着用する	을/를 착용하다
を利用する	을/를 이용하다
CCTV設置	CCTV 설치

参考文献

1 서울특별시

서울특별시 https://www.seoul.go.kr/main/index.jsp

서울관광재단 https://www.sto.or.kr/index

Visit Seoul net https://korean.visitseoul.net/index

서울 가이드 북・지도 https://korean.visitseoul.net/map-guide-book

서울도보해설관광 https://korean.visitseoul.net/walking-tour

한국관광공사 https://kto.visitkorea.or.kr/kor.kto

한국관광공사 '대한민국 구석구석' https://korean.visitkorea.or.kr/

김효정 저, 김경옥 그림 『세계로 뻗어 가는 대한민국의 수도 서울』 주니어김영사, 2019년.

2 부산광역시

부산광역시 https://www.busan.go.kr/index

부산광역시 '부산의 소개' https://www.busan.go.kr/jpn/introduction

부산국제영화제 'BIFF소개' https://www.biff.kr/kor/

부산관광공사 https://www.bto.or.kr/kor/Main.do

VISIT BUSAN https://www.visitbusan.net/kr/index.do

부산관광공사 http://citytourbusan.com/ko/00main/main.php

부산 문화시설 https://www.bscc.or.kr/intro/

부산 갈맷길 https://www.busan.go.kr/galmaetgil/index

韓国観光公社 『KOREA 韓国の旅ガイド』 2019年。

3 제주특별자치도

제주관광공사 https://ijto.or.kr/korean/

VISIT JEJU https://www.visitjeju.net/kr

제주 안내책자 관광지도 E-BOOK   https://www.visitjeju.net/kr/

제주문화예술재단 http://www.jfac.kr/

제주도의 생활방언 http://www.jeju.go.kr/culture/dialect/lifeDialect.htm

韓国観光公社『KOREA 韓国の旅ガイド』2019年。

4 올레① 제주올레

제주올레트레일 '제주올레' https://www.jejuolle.org/trail/kor/default.asp

5 오이타현① 일본 제일의 온천현 오이타

大分県観光情報 https://www.visit-oita.jp/books/

大分県庁 https://www.pref.oita.jp/site/about-oita/

大分県庁「大分の温泉」https://www.pref.oita.jp/site/onsen/onsen-tokutyou.html

沸騰大分【おんせん県おおいた観光チャンネル】

公益社団法人ツーリズムおおいた『おんせん県に来ちゃいましたけん！』2022年。

公益社団法人ツーリズムおおいた『おんせん県おおいたたびまっぷ』2022年。

テッパン！おおいた https://teppan-oita.jp/

大分市観光協会 https://www.oishiimati-oita.jp/

大分県監修・小林玖仁男書・画『にっぽん再発見①大分県 大・大分楽』求龍堂、2010年。

6 오이타현② 오이타 지오파크

おおいた豊後ジオパーク https://www.bungo-ohno.com/

日本ジオパークネットワーク「ジオパークとは」https://geopark.jp/geopark/about/

美術出版社 https://bijutsu.press/books/944/

美術手帖編集部編『おおいたジオカルチャー』美術出版社、2018年。

文化庁「国民文化際」https://www.bunka.go.jp/

7 올레② 규슈올레

九州オルレ https://kyushuolle.welcomekyushu.jp/

8 자기소개① MBTI

(주)한국MBTI연구소 https://www.mbti.co.kr/

동아출판사 편집부『두산백과사전』동아출판사, 1982년.

16 Personalities　https://www.16personalities.com/ko

9 자기소개② 학과 · 전공
大分県立芸術文化短期大学「学科案内」https://www.oita-pjc.ac.jp/gakka

11 한국 기업의 면접
한국산업기술대학교 국제한국어교원협회 편『비즈니스 한국어』소통, 2021년.

13 한국어학연수
大分県立芸術文化短期大学国際総合学科『学科案内2022』2021年。

14 진로관련
大分県立芸術文化短期大学進路支援室『進路の手引2023』2022年。

부록
長友英子・荻野優子『リアルな韓国語は、ことわざ　慣用表現から学ぶ』池田書店、2019年。
髙木丈也・金周祥・徐ミンジョン『ダイアローグで身につける韓国語の言い回し・慣用表現350』ベレ出版、2022年。
이은자『한국토론70 토론으로 배우는 한국어 한국문화』역락, 2021년.
다음 어학사전 https://dic.daum.net/index.do
임수경 · 강소영 · 신정아『외국인 유학생을 위한 한국 대학 문화』이모션북스, 2020년.

사진 제공 및 번역
「6 大分県② おおいたジオパーク」の写真は、豊後大野市商工観光課からご提供いただいた。
豊後大野市商工観光課 https://www.bungo-ohno.jp/docs/photo_gallery/
上記以外の写真は、著者が撮影した写真と博英社から提供された写真である。なお、参考文献からの資料翻訳（韓国語↔日本語）は筆者が行ったものであり、翻訳に関する責任は筆者にある。

著者 紹介

朴　貞蘭（박 정란，パク・ジョンラン）

名古屋大学大学院文学研究科博士後期課程満期退学　博士（文学）
現在、大分県立芸術文化短期大学国際総合学科　准教授
著書：
『「国語」を再生産する戦後空間』（三元社、2013年）
『知りたい！韓国の文化と社会 入門編』（博英社、2023年）
共訳：
『노래하는 신체』（어문학사、2020年）
『百年の変革:三・一運動からキャンドル革命まで』（法政大学出版局、2021年）

就職・留学に役立つ韓国語ワークブック

発行日　　2023年 4月 3日

著　者　　朴貞蘭

編　集　　金善敬

発 行 人　　中嶋 啓太

発 行 所　　博英社
　　　　　〒 370-0006 群馬県 高崎市 間屋町 4-5-9 SKYMAX-WEST
　　　　　TEL 027-381-8453 / FAX 027-381-8457
　　　　　E・MAIL hakueisha@hakueishabook.com
　　　　　HOMEPAGE www.hakueishabook.com

ISBN　　978-4-910132-40-2

定　　価　　2,200円（本体 2,000円）